# LA
# RÉVOLUTION
## A ORNANS

PAR

**M. J. MEYNIER**

BESANÇON

IMPRIMERIE ET LITHOGRAPHIE DE PAUL JACQUIN

1896

# LA
# RÉVOLUTION

## A ORNANS

PAR

**M. J. MEYNIER**

BESANÇON

IMPRIMERIE ET LITHOGRAPHIE DE PAUL JACQUIN

1893

# LA RÉVOLUTION A ORNANS

## I.



En 1789, Ornans avait encore une certaine importance administrative et judiciaire, bien qu'il ne se fût jamais relevé des atteintes terribles que lui avaient portées la création du ressort de Besançon en 1664, et celle des présidiaux en 1696. Il avait conservé son bailliage et son hôtel de ville, auquel étaient réunies la châtellenie et la gruerie royales ainsi que le siège de police, et avait eu sa part des institutions du nouveau régime : subdélégation, recette des finances, contrôle des actes, poste aux lettres et poste aux chevaux, connétablie et maréchaussée. On y avait établi un gîte d'étape et un quartier d'hiver pour la cavalerie; c'était le point de réunion d'un bataillon de milice qui portait son nom. On y trouvait des communautés d'avocats, de procureurs et de notaires, et des corps de médecins, de chirurgiens et d'apothicaires. Les praticiens y étaient nombreux, comme les huissiers, les sergents, les archers-gardes et les autres auxiliaires de la justice. Le siège royal de bailliage comptait douze officiers : un lieutenant général, un lieutenant criminel, un lieutenant particulier, deux conseillers-assesseurs, un avocat et un procureur du roi, leur substitut, deux greffiers, un receveur et un contrôleur [1]. Il y en avait autant à l'hôtel de ville : un maire, lieutenant général de police, trois échevins, quatre conseillers, un procureur du roi, un secrétaire-greffier, un commis procureur du roi de police, un greffier de police [2]. Le subdélégué de l'intendant [3] avait un greffier [4]. Il y avait huit avocats, autant de procureurs et six notaires ; deux médecins, quatre chirurgiens et deux apothicaires.

La société de la ville se composait de petits nobles, de bourgeois vaniteux, de gens de loi et de praticiens plus infimes, pour la plupart d'une ignorance profonde. Gentilshommes d'épée, officiers du bailliage ou de l'hôtel de ville, avocats, procureurs ou notaires, médecins ou chirurgiens, artisans aisés ou marchands, tous ne savaient rien et n'avaient usé que leurs vêtements sur les bancs du collège. Quelques bribes de latin et de mathématiques étaient tout leur bagage intellectuel. Ils ne connaissaient pas leur langue maternelle et l'outrageaient sans pitié et sans cesse, soit en paroles, soit par écrit. Il faut avoir été contraint à lire leurs factums pour se faire une idée de leur insuffisance à cet égard ! On ne leur avait pas enseigné l'histoire de leur pays, comme indigne de tout intérêt ; mais ils savaient, par le menu, celle de la Grèce et de Rome. Ils n'avaient jamais lu l'Évangile ; mais la mythologie païenne n'avait pas de secret pour eux. Ils connaissaient fort mal les lois et les institutions de la France d'alors et n'avaient que de vagues notions de celles des pays étrangers ; mais les interrogeait-on sur celles de Sparte et d'Athènes, sur celles de Rome surtout, on était étonné de leur érudition à cet égard. Tous avaient lu Rousseau, et ses idées délirantes se mêlaient, dans leurs cerveaux vides de science sérieuse, aux fantasmagories de l'antiquité classique. En définitive, ils ne différaient en rien des Français de l'époque. Pour eux, comme pour la plupart de leurs compatriotes,

(1) MM. Simonin de Vermondans, Teste, Cl.-Fr. Doney, Guyot de Vercia, B. Doney, Bailly, Belin, Grandjacquet, Cl. Tournier, Bonnefoy, Verdy, et J.-Ant. Tournier.

(2) MM. Teste, Richardin, Saulnier, N..., Cl.-Fr. Doney, Cl. Tournier, Billerey, Jac.-Ant. Bonnefoy, Gonzel, Jos.-Bern. Boulet, J.-B. Boulet, Cl. Muselier.

(3) M. Simonin de Maléchard.

(4) M. J.-B. Boulet.

« la magie souveraine des mots » allait « créer des fantômes, les uns hideux, l'aristocrate et le tyran ; les autres adorables, l'ami du peuple et le patriote incorruptible, figures démesurées et forgées par le rêve et que l'halluciné » allait « combler de ses hommages ou poursuivre de ses fureurs (1). »

Dans les premiers jours de 1789, notre pays de Franche-Comté était en proie à l'émotion produite par l'opposition de la majorité des corps privilégiés et du Parlement aux innovations généreuses de Louis XVI, la double représentation du tiers état et la majorité des curés dans les assemblées électorales du clergé. Sans se laisser arrêter un instant par des clameurs impuissantes, le roi réglait, le 24 janvier, l'ordre et la forme des convocations, et ses lettres étaient lancées à partir du 7 février. Huit jours après, les assemblées de paroisse commençaient la rédaction de leurs cahiers de doléances, et les esprits s'échauffaient graduellement au détail et à l'énumération des misères présentes et passées. Dans les premiers jours d'avril, les assemblées générales des trois ordres pour l'élection des députés eurent lieu dans les chefs-lieux des grands bailliages. Le mode d'élection des députés du tiers état aux États généraux est assez peu connu aujourd'hui. Pour être électeur, il fallait être Français, âgé de vingt-cinq ans au moins, et inscrit au rôle de la capitation. Chaque centaine d'électeurs présents à l'assemblée de paroisse chargeait deux délégués de la représenter à l'assemblée de bailliage qui élisait les députés. Cette élection à deux degrés était plus libérale, nous le verrons, que celle qui fut adoptée par la Constituante. Les députés du clergé et e la noblesse étaient nommés directement par les assemblées ou chambres de ces deux ordres, qui comprenaient la totalité de leurs membres. Les doléances d'Ornans furent portées par ses délégués à l'assemblée du grand bailliage de Dole, dont la première réunion eut lieu le 6 avril. Cette réunion fut consacrée à la vérification des pouvoirs. Le lendemain 7 eurent lieu les élections des trois ordres. On sait qu'elles aboutirent à la nomination de MM. Guilloz, curé d'Orchamps-en-Vennes, le comte de Dortans, seigneur de Gouxlez-Dole, Grenot, avocat en parlement, et Regnaud d'Épercy, procu-

_______________

(1) Taine, *Origines de la France contemporaine, l'Ancien régime.*

reur du roi au siège de Dole, hommes tous quatre acquis aux idées nouvelles (1).

La question des subsistances a joué un grand rôle dans les débuts de la Révolution. On la trouve à l'origine de tous les troubles qui suivirent la convocation des États généraux. Elle fut particulièrement inquiétante dans notre région, où les récoltes avaient manqué l'année précédente et où l'hiver avait été le plus dur qu'on eût vu depuis celui de 1709. On sait par quelles mesures draconiennes la vente et la circulation des grains furent réglées. Besançon et les autres villes bailliagères de la province devaient se confédérer plus tard (2 novembre) pour empêcher les céréales de sortir du territoire franc-comtois, et obtenir qu'on établît, dans ce but, un cordon de troupes tout le long de la frontière suisse. Le maire et les officiers municipaux d'Ornans eurent fort à faire, pendant une longue année, pour assurer l'approvisionnement de la ville. Leur sollicitude à cet égard devait être, au printemps de l'année suivante, l'occasion innocente d'une émeute formidable qui faillit ensanglanter les rues de Besançon. Le 21 mars 1790, le peuple arrêtait, à la porte Notre-Dame, deux voitures de blé, que des paysans conduisaient à Ornans, et les

(1) Les électeurs du ressort d'Ornans, qui avaient comparu, en personne ou par procureur, à l'assemblée de la noblesse à Dole, étaient : M. Tinseau de Gennes, seigneur des Granges-du-Cerf, le comte de Scey, grand-bailli de Dole, seigneur de Maillot, Reugney et autres lieux ; le vicomte de Sagey, seigneur à Pierrefontaine ; M. Sanderet de Valonne, seigneur en partie des fours et moulins d'Ornans ; M. Terrier, seigneur du fief de Cléron à Vercel ; M. de la Bastie, comte et seigneur de Vercel ; M. Muyard de Martigna, seigneur de Rantechaux ; le marquis de Terrier-Santans, seigneur de Loray ; M. Broquard, seigneur de Bussières et à Vuillafans et Montgesoye ; la duchesse de Lorges, dame de Lods ; la marquise de Ligniville, dame de Châteauneuf-de-Vennes ; M<sup>me</sup> de Pouthier de Saône, épouse autorisée de M. du Pasquier de la Villette, dame du fief de la Forêt ; la comtesse de Lauraguais ; M<sup>lles</sup> de Scey, chanoinesses non-professes de Château-Chalon, dames de Maillot ; M. Guyot, seigneur d'Évillers. On avait donné défaut contre MM. les Professeurs de l'Université de Besançon (professeurs en théologie), seigneurs de Mouthier-le-Maillot ; M. Arnould, seigneur de Provenchères et Chantrans ; M. Vannoz, seigneur à Septfontaine ; M. Mareschal, seigneur à Longeville ; M. Renouard de Sainte-Croix, seigneur d'Amancey ; le comte d'Esternoz, seigneur d'Esternoz, Refranche, etc. ; M. Marguet, seigneur du fief de Vaivre à Vuillafans ; M. de Fussey, seigneur de Chevigney ; M. Bourgon, seigneur du fief de Chantrans à Etalans, etc. ; M. Binétruy, seigneur de Grandfontaine-en-Vennes ; MM. Renouard de Sainte-Croix et Patouillet, coseigneurs par indivis de Déservillers.

ramenait de force à la halle, non sans avoir malmené ceux qu'il prenait pour des complices des agioteurs qu'on voyait partout. Le comte de Narbonne, commandant de la garde nationale bisontine, qui voulut intervenir, fut sur le point, malgré la popularité dont il jouissait, d'être écharpé par ses propres soldats : il ne dut son salut qu'à son sang-froid et à la fidélité d'une partie de ses troupes. L'émeute dura jusqu'au lendemain ; encore fallut-il, pour faire sortir les voitures de la ville, une escorte de deux cents soldats de la garnison (1).

L'agitation qui régnait dans notre pays depuis une année et qu'une succession d'événements si considérables avait entretenue, ne fit qu'augmenter tant que dura, au sein des États généraux, la lutte entre les partisans du privilège et ceux qui avaient juré sa destruction. La fatale explosion de Quincey, qui eut, dans toute la France, un si terrible retentissement, la porta subitement à l'extrême. Elle fut suivie, de toutes parts, d'insurrections du peuple des campagnes contre ses seigneurs. Les châteaux furent envahis par des multitudes en fureur, pillés et souvent incendiés ; leurs chartriers furent forcés, et les titres féodaux ou simples papiers d'affaires qu'ils contenaient furent livrés aux flammes. C'est alors que périrent à Châteauvieux de Vuillafans, avec les parchemins de la marquise de Ligniville, toutes les minutes des actes des anciens notaires de la seigneurie (2). Ornans, qui n'avait d'autre seigneur que le roi et dont les charges féodales étaient à peu près nulles depuis longtemps, fut néanmoins le théâtre d'une ridicule émeute, qui valut à son auteur, le sieur Claude-Etienne Teste, le surnom de *Casse-bancs*. A l'instigation de ce mauvais drôle, que nous retrouverons plus tard, l'église Saint-Laurent fut envahie par la populace, à laquelle il s'agissait de faire la main, et, sous prétexte d'égalité, les bancs particuliers qu'y possédaient quelques vieilles familles, parfaitement roturières pour la plupart, furent mis en pièces et brûlés.

(1) Les députés d'Ornans à l'assemblée des quatorze villes, qui adopta le traité fédératif, furent : MM. Simonin de Vermondans, Et. Belin et Cl.-Fr. Grandjacquet.

(2) Les notaires Maillot (Jean le vieux, Jean le jeune, Arthaud, Jean et Claude le vieux), Vieille (François), Estignard (Claude), Marrelier, Bard et Guenard.

L'abolition de ses privilèges particuliers et celle de sa juridiction sur les villages du domaine royal, dans la nuit du 4 août, touchèrent beaucoup moins Ornans que les autres résultats de cette nuit à jamais mémorable. En ce moment, d'ailleurs, les esprits y étaient tout à la crainte des émotions populaires, jointe à celle des brigands, soudoyés par des mains inconnues, qui parcouraient les provinces et y promenaient le meurtre, le pillage et l'incendie. Cette crainte y amena, comme ailleurs, la formation de la garde nationale [1], dont on trouva tous les éléments dans les anciennes compagnies bourgeoises. Née spontanément des nécessités d'une époque critique entre toutes, cette force devait participer plus tard à bien des désordres [2]; mais, pour le moment, elle ne représentait que la bourgeoisie s'armant pour sa propre défense. Ornans arma et équipa à ses frais tous ses citoyens imposés et domiciliés, âgés de dix-huit à soixante ans. Il eut ainsi un bataillon, qui allait bientôt jouer un rôle considérable dans les événements locaux. La garde nationale d'Ornans suivit l'exemple de celle qui venait de se former à Besançon et, cédant à un entraînement d'ailleurs général dans la région, choisit pour chef (major ou lieutenant-colonel) le comte de Narbonne, colonel du régiment de Piémont. Le commandement en second fut confié à M. Simonin de Maléchard, subdélégué de l'intendant. Plus tard, lorsque Narbonne dut renoncer à commander à la fois les milices nationales de Besançon, de Baume, d'Ornans, de Pontarlier et de Quingey, on lui donna pour successeur à Ornans M. Simonin de Vermondans, lieutenant général du bailliage. Le commandement des compagnies avait été confié à MM. Gaudion père, Teste de Montbellard, Gaudion fils et Oudot. Ces premiers chefs devaient être remplacés par des gredins, qui favorisèrent tous les désordres que leur devoir était de ré-

---

(1) La garde nationale de Besançon est mentionnée, pour la première fois, dans une délibération de l'assemblée communale du 21 juillet. Celles de Dole et de Vesoul avaient été formées la veille; celle de Lons-le-Saunier date du 22. La première idée d'une confédération des gardes nationales dans la province revient à Vesoul (18 septembre).

(2) La garde nationale d'Ornans n'attendit pas, pour le faire, la fin de l'année de sa fondation; quelques mois plus tard, elle prenait part, sinon en corps, du moins par quelques-uns de ses membres, à une émeute pendant laquelle on força les portes des prisons, pour mettre en liberté deux particuliers d'Étalans arrêtés par ordre du grand prévôt de Besançon.

primer, et firent la chasse aux prêtres et aux honnêtes gens sur l'ordre d'odieux sectaires (1).

Le premier acte regrettable de l'Assemblée nationale fut la confiscation des biens des églises, qui fut décrétée dans la séance du 2 novembre 1789. Cette mesure de spoliation devait être tout particulièrement dure pour Ornans, qui avait tant fait, depuis plusieurs siècles, pour la dignité du culte catholique et pour l'entretien de ses ministres. L'inventaire prescrit l'année suivante, quoiqu'il ne portât que sur l'argenterie superflue des églises, fut établi, avec une extrême répugnance, par la municipalité d'alors. Celle qui lui succéda, après les élections de 1791, n'hésita pas, dans un moment d'extrême besoin, à employer, pour l'acquittement de dettes communales, une notable partie d'un trésor qui était en dépôt depuis deux ans. Elle eut même le courage de répondre au département, qui lui demandait des explications sur le déficit considérable qui en était résulté, que les communes étaient incontestablement propriétaires du mobilier de leurs églises et que, par conséquent, celle d'Ornans avait pu, sans contrevenir à aucune loi, disposer de tout ce qui lui avait paru inutile. Nous verrons, lorsque le moment en sera venu, que le département ne s'en laissa pas imposer par une réponse dont on ne saurait nier la fierté, et qu'il fit procéder à une enquête.

Une plus grave atteinte à la propriété fut la confiscation des biens du clergé décrétée le 20 novembre. Par un euphémisme qui ne trompa personne, ces biens furent déclarés « mis à la disposition de la nation. » En attendant que la nation pût assurer aux ecclésiastiques, aux religieux et religieuses, aux pauvres et aux malades des hospices et des autres fondations charitables, la juste indemnité qu'elle leur devait, ces infortunés eurent le temps d'avoir faim. Ils furent, en effet, victimes d'une incurie qui contrastait singulièrement avec l'adresse dont on avait usé pour mettre la main sur les biens meubles et immeubles des communautés régulières et séculières. Le 13 décembre 1790 (un an plus tard par conséquent !), le district d'Ornans écrivait au département que les ursulines n'ayant rien touché de leurs revenus depuis un an, n'avaient vécu que des avances qui leur

(1) L'uniforme de la garde nationale d'Ornans était : habit bleu de roi, revers et parements rouges, veste et culotte bleu de roi, boutons de cuivre jaune.

avaient été faites par des personnes bienfaisantes ; et que leur situation devenant intolérable, la ville était chaque jour menacée de perdre une institution de la plus grande utilité pour l'éducation des enfants. Cependant, ces saintes filles n'étaient pas gâtées : les modestes revenus, dont la perte rendait leur vie si précaire, ne s'élevaient qu'à 1,800 livres pour vingt religieuses ! Ce n'était pas seulement la communauté des ursulines que la ville était exposée à perdre ; elle était d'ores et déjà privée de sa familiarité et de son couvent de minimes, et l'hôpital Saint-Louis, désormais sans ressources, était condamné à être fermé dans un avenir assez rapproché.

L'année 1789 s'était terminée au milieu du trouble causé par les spoliations dont nous venons de parler. Avec 1790 commencèrent de nouvelles émotions causées par l'introduction dans notre pays d'institutions nouvelles. La Franche-Comté fut divisée, par application de la loi du 9 janvier, en trois départements, Amont, Besançon et Aval, et ces départements furent subdivisés en districts, cantons et municipalités. Les anciens sièges de bailliage, Besançon, Baume, Ornans, Pontarlier et Quingey, furent naturellement choisis comme chefs-lieux de district du département de Besançon ; on y ajouta Saint-Hippolyte, siège d'un des bailliages seigneuriaux les plus importants de la région. Le ressort d'Ornans perdit la châtellenie de Réaumont, qui devint le canton du Russey, mais il recouvra douze des villages qu'il avait perdus en 1664. Son district comprit six cantons : ceux d'Ornans, de Nods, d'Orchamps-Vennes, de Vercel, de Villayer ou Ferlans, et de Vuillafans, qui correspondaient en général aux châtellenies d'Ornans, de Cicon, de Vennes, de Vercel, de Montmahoux et de Vuillafans. Le canton d'Ornans réunit quatorze communes : Ornans, Bonnevaux, Charbonnières, Chassagne, Foucherans, l'Hôpital-du-Grosbois, Maizières, Malbrans, Mérey-et-Granges-du-Liège, Saules, Scey en-Varais, Tarcenay, Trepot et Villers-sous-Montrond. Le nouveau département, qui prit bientôt le nom de sa principale rivière, devait être administré par un *conseil général* de trente-six membres assisté d'un *procureur général*, et par un *directoire*, commission permanente de huit membres pris dans son sein. Les districts allaient régis chacun par un *conseil général* de douze membres, assisté d'un *procureur-syndic*, et un *directoire* de quatre membres. Enfin, les municipalités devaient avoir chacune une administration locale composée d'un *maire*, d'un ou plusieurs *officiers municipaux*, d'un *procureur-syndic* et d'un certain nombre de *notables*. Les conseils généraux de département et de district procédaient d'élections à deux degrés : leurs membres étaient élus par des électeurs cantonaux qui représentaient chacun une centaine des citoyens actifs ; les conseils généraux des communes ou municipalités étaient le résultat d'élections directes par les citoyens actifs. Les citoyens actifs, disons-le pour n'y pas revenir, étaient ceux qui avaient vingt-cinq ans, n'étaient pas domestiques et payaient une contribution directe d'au moins trois livres ; pour être éligible, il fallait payer au moins dix livres.

Les élections municipales, faites au mois de février sous le régime de la législation nouvelle, ne durèrent pas moins de dix jours à Ornans. La première réunion de l'assemblée primaire eut lieu le 1er, à huit heures du matin, dans l'église de la Congrégation. Une proclamation de la municipalité en exercice y avait convoqué tous les citoyens actifs, électeurs et éligibles. La municipalité avait également pourvu à la présidence et l'avait confiée au vénérable curé de la paroisse, M. Trouillet. Après avoir dit la messe, le président monta en chaire et donna lecture des lettres patentes du roi rendues sur le décret de l'Assemblée nationale du 14 décembre précédent, décret relatif à la formation des municipalités ; puis donna la parole au secrétaire de la ville, Jos.-Bern. Boulet, pour exposer le rôle des électeurs et des éligibles. Alors s'éleva un concert de protestations au sujet de la forme employée dans la vérification des pouvoirs des électeurs ; la municipalité avait cru pouvoir y procéder elle-même, tandis que d'après le texte du décret de l'Assemblée nationale, l'assemblée primaire avait seule le droit de le faire. Après une discussion longue et orageuse, qui donna aux procureurs Maire et Roy, aux avocats Gaudion, Maire et Trouillet, au docteur Caizel et au sieur Pierre Tombal occasion de faire briller leur éloquence, on put enfin passer à l'élection du président et du secrétaire de l'assemblée primaire. Les votes furent recueillis par le président provisoire et trois scrutateurs par bénéfice d'âge, le familier Jac.-Jos. Roy, le docteur Caizel et le sieur Cl.-Fr. Cuenot-Trouttot. Il était alors trois heures de l'après-midi ; la séance fut levée ; le président et les scrutateurs, objectant la famine, crurent pouvoir se retirer. Mais la majorité de l'assemblée protesta et, après une heure d'interruption, reprit ses opérations sous la direction de l'avocat Richardin, premier échevin en exercice, assisté des scrutateurs Caizel et Cuenot-Trouttot, qui étaient revenus, et d'un autre doyen d'âge, le sieur J.-B. Baudilaire. Le scrutin fut dépouillé, et les président et secrétaire proclamés. C'étaient : MM. Simonin de Vermondans, lieutenant général du bailliage et colonel de la milice nationale, et Jos.-Bern. Boulet, secrétaire de la ville. Ils avaient réuni les trois quarts et demi de 369 suffrages. Les séances suivantes furent moins orageuses. Le 2, après une messe dite par le P. Petiet, religieux minime, le président et le secrétaire prêtèrent le serment d'être fidèles à la constitution, à la loi et au roi, et de choisir, en âme et conscience, les plus dignes. Le même serment fut répété par tous les assistants. Puis on nomma scrutateurs les sieurs Jos. Gonsans, Ét. Belin et P. Tombal. Le 3, M. Simonin de Maléchard, subdélégué et lieutenant-colonel de la milice nationale, fut élu maire à une majorité de 363 suffrages. Le 4, on procéda à l'élection de 8 officiers municipaux [1]. Le 5 et le 6 furent employés au recensement des votes. Le 7, il y eut élection du procureur-syndic; l'élu fut M. Cl.-Fr. Grandjacquet, substitut au bailliage [2]. Le 8, on nomma un nombre de notables double de celui du maire et des officiers municipaux réunis [3], puis on commença le recensement des votes, qui fut continué le lendemain. Enfin, le 10, eurent lieu la prestation du serment par les élus réunis dans la grande salle du bailliage et la désignation de Jos.-Bern. Boulet comme secrétaire greffier [4].

Les élections départementales et de district occupèrent une partie du mois de mai. Deux citoyens d'Ornans, MM. P.-Ant.-Fr. Belin, ancien procureur du roi au bailliage, et J.-Ant. Tournier, son

---

[1] Jos. Gonsans, Et. Belin, J.-Cl. Colard-Maitrot, P. Tombal, P.-Ant. Cuenot, An. Demontrond, Cl.-Ant. Laloue, J. Cuenot-Charlemagne.

[2] Il fut remplacé aux élections de janvier 1791, par le procureur J.-Fr. Roy.

[3] Cl.-Fr. Grimont le jeune, Jac. Muselier, Cl.-Fr. Colard-Luc, G. Gressot, J. Estevenon le jeune, Guil. Vieillard, Jos. Oudot du Fête, Henri Estevenon, P.-L. Laloue, P.-Fr Oudot-Chevalier, Et.-Fr. Oudot, J.-B Boulet, Cl.-Ant. Nodier, Et. Etevenon le jeune, Nic. Pargaud, An.-L. Picard, Cl. Gaudot, Nic. Thiboux.

[4] La formule du serment était la suivante : « Je jure d'être fidèle à la nation, à la loi et au roi, et de maintenir de tout mon pouvoir la constitution, » formule dont l'interprétation donna lieu à bien des équivoques et causa des malheurs sans nombre.

successeur, furent élus au conseil général du département, qui fit entrer le premier dans la composition du directoire départemental. Le conseil général du district d'Ornans se composa de MM. Et.-Jos. Gaudion, avocat en parlement ; Bailly, avocat du roi au bailliage ; Cl.-Fr. Richardin, avocat en parlement ; Fleury, de Vercel, avocat en parlement ; Cl.-Fr. Maire, notaire et procureur ; Cl.-Fr. Outhenin, de Mouthier, docteur en théologie et ancien curé ; J.-B. Maire, praticien ; Simonin de Vermondans, lieutenant général du bailliage. Les cinq premiers formèrent le directoire du district, en qualité de président, de procureur-syndic, de vice-président et de membres. Le secrétaire fut M. J.-B. Maire. Le président était un homme sage et estimé, qui ne prit qu'une part modérée à l'administration. Il contrastait fort en cela avec le procureur-syndic Bailly, qui devait mettre autant de zèle à poursuivre, comme procureur-syndic, que, précédemment, comme avocat du roi. On ne peut mieux comparer ce triste personnage qu'à Hérault de Seychelles. Né, comme son sanguinaire modèle, dans une famille noble [1], et, comme lui, avocat du roi, il devint, comme lui encore et du jour au lendemain, un des coryphées de la Révolution. Après avoir sacrifié à cette idole sa famille et son nom, Bailly devait lui léguer tous ses biens et laisser ses descendants sur la paille. Ce fou furieux n'appartenait pas, comme révolutionnaire, à l'intrigue janséniste ; c'était un classique, un païen, un de ces êtres étranges et bien spéciaux à leur époque, auxquels la lecture des auteurs de l'antiquité avait troublé la raison. Le vice-président Richardin et le notaire Maire devaient sortir, trop souvent pour leur honneur, des bornes de la modération. Les deux autres membres du directoire, l'avocat Fleury et l'abbé Outhenin, présentèrent, au contraire, un parfait modèle de conduite dans les circonstances les plus difficiles. Aussitôt après leur installation, les nouveaux administrateurs du Doubs s'empressèrent d'envoyer à l'Assemblée nationale l'expression de l'admiration et de la reconnaissance de leurs commettants. L'abbé Outhenin, chargé de rédiger l'adresse du district d'Ornans, évita toute allusion aux innovations religieuses, se bornant avec tact à rendre hommage des sentiments de ce corps « pour les nobles et

(1) Les Bailly étaient alliés aux Bouhélier, aux Clément, aux Sanderet et aux Simonin.

immortels travaux de l'Assemblée. » La composition du directoire du district, ou, pour parler le langage du temps, la composition du district, fut modifiée profondément par les élections partielles de l'année suivante, où l'avocat Fleury, l'abbé Outhenin et l'ancien lieutenant général Simonin de Vermondans, démissionnaires, furent remplacés par J.-B. Clerc, de Reugney, J.-Fr. Grandjacquet, négociant, et J.-B. Boulet, ancien commis procureur du roi de police et greffier du subdélégué. Ce dernier remplaça désavantageusement, comme président, l'avocat Gaudion, appelé au conseil général du département.

Le premier anniversaire du 14 juillet a été fêté à Ornans d'une manière qui contraste un peu avec l'appareil grotesquement païen des fédérations. Ce fut surtout le fait des circonstances. Dès le dimanche précédent, onzième jour du mois, la municipalité avait fait annoncer, par des affiches et à son de caisse  les solennité de ce jour. Le mardi, à midi et à la chute du jour, le carillon et la grosse cloche de Saint-Laurent avaient renouvelé cet appel. Dès le matin du lendemain, on avait élevé, sur la place d'armes de la ville, l'autel à la patrie, devant lequel devait être prêté par les autorités et répété par tous les assistants, le serment décrété par l'Assemblée nationale. Mais, à Ornans comme à Paris, il pleuvait à verse, et le temps paraissait tellement pris, que la municipalité dut renoncer à une fête en plein air et ordonna que la prestation du serment aurait lieu à l'église paroissiale. Elle s'y rendit, en effet, à l'heure ordinaire de la grand'-messe, suivie par le conseil général de la commune, escortée par le corps entier de la milice nationale, et « précédée, dit la relation officielle, d'une foule de citoyens de l'un et l'autre sexe avertis par le carillon, le son de la grosse cloche et une décharge de mortiers. » Arrivés à la porte principale de l'église, les municipaux y trouvèrent, à la tête du corps paroissial au complet, familiers, chapelains et vicaires, le curé, qui leur présenta l'eau bénite et les introduisit dans le chœur. La garde nationale prit place dans le milieu de la grande nef et dans les collatéraux. Après avoir exposé le saint Sacrement, le P. Petiel, religieux minime, aumônier de cette garde, célébra la sainte messe. Avant le salut, qui devait terminer l'office divin, le maire de la ville, M. Simonin de Maléchard, monta en chaire et prononça le discours suivant : « Citoyens ! qu'il est flatteur, qu'il est glorieux pour moi de pouvoir vous porter la parole en ce beau jour. Et pourquoi mon expression serait-elle trop faible pour vous exprimer les sentiments délicieux qui agitent mon âme, à la vue du magnifique et intéressant spectacle que la France offre en ce moment à l'univers étonné ? Le passé de l'histoire ne nous rapporte aucun fait aussi grand, aussi important. Oui, Messieurs, en ce jour, à la même heure, tous les Français ne forment qu'une seule famille, jurant, en présence et sous les auspices de l'Être suprême, de soutenir, au péril de leur vie, de tout ce qu'ils ont de plus cher, la plus belle institution politique qui exista jamais, le chef-d'œuvre de toutes les facultés humaines ! Eh ! pourquoi ne s'empresserait-on pas de prononcer le serment le plus auguste en sa faveur ?... O mes concitoyens ! empressons-nous donc de cimenter de toutes nos forces le pacte le plus auguste, qui nous rend tous, en ce beau jour, frères tendres, amis sincères, qui confond nos ennemis au dedans et qui les fait trembler au dehors. Cette cérémonie est la garantie de notre triomphe et de la parfaite tranquillité dont nous allons jouir.... Loin de nous donc les prétentions, les rivalités, tirons le plus épais rideau sur le passé, confondons nos âmes et nos cœurs et méritons qu'on dise de notre bonne ville, ô mes concitoyens, que si la paix voulait habiter la terre, elle ferait son séjour au milieu de nous !... Citoyens, citoyennes ! élevez vos enfants dans ces principes, rendez-les-leur familiers.... Et vous, soldats-citoyens, jeunesse intéressante, vous que je vois armés, enflammés de courage et prêts à verser jusqu'à la dernière goutte de votre sang pour le maintien de la constitution, pénétrez-vous bien de cette idée que la sûreté des personnes vous est confiée, ainsi que celle des propriétés et le maintien du bon ordre et de la tranquillité publique, et que la Nation, la Loi et le Roi attendent tout de votre intrépidité tempérée par la prudence. Mais, ô mes chers concitoyens, j'abuse de votre impatience ; aussi, m'empressé-je de prononcer et de vous faire répéter le beau serment que vingt-quatre millions de frères font retentir à présent dans tout l'empire : « Nous jurons d'être à jamais fidèles à la Nation, à la Loi et au Roi ! Nous jurons de maintenir, de tout notre pouvoir, la constitution décrétée par l'Assemblée nationale et acceptée par le Roi. Nous jurons de protéger, conformément aux lois, la sûreté des personnes et des propriétés, la libre circulation des grains et subsistances dans tout l'intérieur du royaume, et la perception des contributions publiques sous quelque forme qu'elles existent. Nous jurons de demeurer unis à tous les Français par les liens indissolubles de la fraternité ! » Tous les assistants répétèrent en chœur : « Nous le jurons ! » et le célébrant entonna le *Te Deum.* « Nous témoignons avec empressement, écrit le secrétaire de la ville, que jamais nous n'avons vu les cœurs rendre des actions de grâces à l'Éternel comme dans cette circonstance. » En ce moment, le son des cloches et les détonations de l'artillerie municipale invitaient « les bons citoyens absents à se réunir, de cœur et d'âme, à leurs frères présents à la cérémonie. » Le salut terminé, le conseil général de la commune, toujours escorté de la garde nationale, se rendit au couvent des minimes, où le commandant et les officiers de cette milice lui avaient fait préparer « un déjeuner frugal, pendant lequel les santés de la Nation et du Roi ont été portées, écrit Jos.-Bern. Boulet, et où, ajoute-t-il, tout s'est passé avec une union qu'il est plus facile de sentir que d'exprimer. » Dans l'après-midi, il y eut, dans le grand salon de l'hôtel de ville, un bal qui dura jusqu'à huit heures du soir, et où, « malgré l'affluence, tout s'est passé avec joie et la plus grande cordialité. » L'embrasement d'immenses feux de joie et une illumination générale terminèrent cette grande journée, qui, comme ailleurs, n'eut pas de lendemain.

On sait quelle était en 1789, en Franche-Comté autant et plus qu'ailleurs peut-être, l'impopularité de la magistrature. Les cahiers des trois ordres des divers bailliages de la province, comme ceux de tous les bailliages et sénéchaussées de France, demandaient une modification profonde de la constitution de ce corps. On réclamait, avant tout, la suppression de l'abus criant qui était à sa base, la vénalité des offices. Chacun sentait que ce vice originel était la véritable cause de son opposition à toute réforme qui pouvait porter ombrage à son esprit étroit et à son égoïsme. Le discrédit des parlements et des bailliages était tel que, pendant les dix-huit mois (1er avril 1789 au 30 septembre 1790) qui séparèrent le début de la Révolution de la suppression définitive des anciennes cours souveraines et tribunaux de tous degrés, ils ne purent prendre aucune part au maintien de la paix publique et à la répression des troubles. A peine pouvaient-ils suffire au règlement des affaires privées. Cette agonie de la magistrature fut peut-être moins triste qu'ailleurs dans une ville où les officiers de justice, qu'ils appartinssent au bailliage ou à l'hôtel de ville, s'étaient, dès le premier jour, ralliés avec éclat aux idées de réforme et de progrès.

L'Assemblée constituante simplifia l'organisation des juridictions et la mit en harmonie avec la nouvelle division du territoire national. La loi du 24 août 1790 confia la justice civile à des tribunaux de district, composés de cinq ou six juges élus par le peuple ; elle établit de plus un juge de paix par canton et des tribunaux de commerce. La justice de paix était une création ; car elle n'a aucun rapport avec l'institution anglaise du même nom. Le juge de paix français a pour mission de concilier les parties, si faire se peut, de juger les affaires civiles peu importantes et les contraventions de police. Il est, en outre, officier de police judiciaire de son canton. A l'origine il était pourvu d'assesseurs. Par réaction contre les abus des anciennes cours souveraines, l'Assemblée voulut que tous les tribunaux de district fussent égaux entre eux, et elle les rendit réciproquement tribunaux d'appel à l'égard des autres. C'était là une fâcheuse idée : selon la remarque fort juste de Thiers, « la justice d'appel devenait à peu près illusoire ; car l'appel ne se conçoit que lorsqu'il y a recours à des lumières supérieures. » — « Des cours souveraines, ajoute le même auteur, réunissant dans leur sein des magistrats éminents, auprès d'elle un barreau renommé, présentent une supériorité de savoir à laquelle on peut être tenté de recourir ; mais appeler d'un tribunal de première instance à un autre tribunal de première instance ne se conçoit pas (1). » L'Assemblée fit administrer la justice criminelle par des tribunaux de police municipale et correctionnelle (loi des 19-22 juillet 1791) et par les tribunaux criminels de département (loi des 20 janvier-25 février 1791). Enfin, au-dessus de toutes les juridictions, elle plaça la cour de cassation (loi des 27 novembre-1er décembre 1791).

C'est intentionnellement et pour n'y pas revenir, que nous avons anticipé, dans ce court aperçu de la nouvelle organisation judiciaire, sur la marche des événements. Nous allons faire de même en ce qui concerne la réorganisation des personnels auxiliaires de la justice, ordres des avocats et des procureurs, qui s'étaient rendus aussi

(1) *Consulat*, t. I.

odieux que les corps judiciaires de l'ancien régime. L'Assemblée cons
tituante ne pouvait conserver aux avocats des privilèges qu'elle avait
dû retirer à tous en l'honneur de l'égalité. Elle ne pouvait faire moins
que d'étendre à leur ordre la proscription dont elle avait frappé toutes
les corporations. Le décret du 2 septembre 1790 défendit même aux
« hommes de loi ci-devant appelés avocats » de continuer à porter la
robe. Un décret du 15 du même mois institua des espèces de mandataires, appelés *hommes de loi, défenseurs officieux*, qui n'étaient soumis à aucune condition de science et de moralité. L'ordre ne devait
être reconstitué qu'en l'an XII (22 ventôse). Les procureurs, plus
mal vus encore que les avocats, furent remplacés par des *avoués*. Les
avoués furent créés par le décret même (29 janvier-20 mars 1791)
qui supprimait la vénalité et l'hérédité des offices. Ils succédaient aux
procureurs dans leur fonction de mandataires légaux des parties,
chargés de les représenter devant les tribunaux ; mais, contrairement à ce qu'il en était pour leurs prédécesseurs, leur fonction devenait incompatible avec celles de greffier, de juge, de notaire, de
procureur fiscal et de substitut. Bientôt, la loi du 3 brumaire an II
allait prononcer leur suppression, et ils ne devaient être rétablis que
par une loi du 27 ventôse an VIII. Ces changements intéressaient
au plus haut point une grande partie de l'ancienne bourgeoisie d'Ornans.

Les premières élections judiciaires se firent aux mois d'octobre et
de novembre 1790. Elles commencèrent, le 30 octobre, par le choix
des juges de paix, et eurent lieu dans les mêmes formes que celles
des membres des districts, c'est-à-dire que les citoyens actifs de
chaque canton se réunirent au chef-lieu pour nommer autant d'électeurs qu'ils étaient de fois cent, et ces électeurs se réunirent à
leur tour au chef-lieu du district pour nommer les juges. Les
assemblées cantonales nommaient directement les juges de paix.
La popularité que s'étaient acquise par leurs opinions libérales
les anciens officiers du bailliage et de l'hôtel de ville d'Ornans ne
suffit pas à les désigner aux suffrages des électeurs, encore tout
aux fâcheux souvenirs de la justice d'antan. Ils partageaient cette
popularité avec les hommes de loi, avocats, procureurs ou notaires,
qu'ils avaient tenus à distance jusque-là et que cette circonstance
rendait moins suspects. Ils la partageaient même avec les prati-

ciens, les clercs et les huissiers, cette plèbe de la basoche, chez lesquels l'ambition n'avait pas le contre-poids de l'instruction et de l'éducation, et qui devaient bientôt fournir à l'armée du jacobinisme local ses plus dangereuses recrues. Cependant, ces premières élections ne furent pas mauvaises ; elles donnèrent pour *juges* au district les avocats P.-Ant. Cuenot, qui fut élu *président ;* J.-Fr. Coste, Ét.-Jos. Gaudion, J.-B.-Victor Proudhon, le futur jurisconsulte [1], et le procureur Ch.-Ad. Verdy. L'avocat Cl.-Fr. Amyot fut nommé *juge suppléant* et l'avocat J.-Ant. Tournier, *procureur du roi.* Le greffe du tribunal fut confié à Jos.-Bern. Boulet, déjà pourvu de celui de la mairie. Enfin, le président Cuenot et le juge Coste furent appelés aux fonctions de *directeur du jury d'accusation* et *d'accusateur public.* Le premier *juge de paix* du canton d'Ornans fut M. Simonin de Maléchard, ancien subdélégué du ressort, déjà élu maire de la ville.

Depuis la convocation de l'Assemblée nationale, l'hypocrisie janséniste n'avait laissé passer aucune occasion de pêcher en eau trouble. C'étaient ses principaux représentants, Camus, Grégoire, Lanjuinais, Durand de Meillane et les autres membres du *comité ecclésiatique,* où la secte avait pris position contre les catholiques, qui proposaient toutes les mesures subversives de l'ancienne organisation religieuse. Sous le fallacieux prétexte de ramener l'Église de France à la discipline des premiers siècles, ces hommes néfastes, après avoir poussé à la confiscation des biens du clergé, ou, si l'on veut, à leur remplacement par une indemnité dérisoire, firent décréter ce qu'on a appelé la *constitution civile du clergé.* La suprématie pontificale ne fut plus reconnue que de nom. On fit, sans l'aveu du chef de la chrétienté, une nouvelle division ecclésiastique, inutilement calquée sur la division administrative, et qui était une atteinte à toutes les traditions. Il fut défendu aux évêques de demander à Rome aucune bulle de confirmation, et l'on substitua à l'institution canonique donnée

---

(1) Proudhon avait été élu juge en même temps à Baume, à Lure, Ornans, Pontarlier et Quingey. Il opta pour la ville qui lui avait, la première, notifié sa nomination ; c'était Pontarlier, où il fut juge jusqu'à la fin de novembre 1792. A cette époque, les électeurs du district ne l'appelèrent pas à continuer les fonctions qu'ils lui avaient confiées pour deux ans ; il quitta Pontarlier et rentra à Chasnans, son pays natal. Il fut alors élu juge de paix de Nods, où nous le retrouverons plus tard.

par le souverain pontife, l'institution donnée par le métropolitain.
Si le métropolitain la refusait, le débat était porté devant le tribunal
civil du district. On donnait aux électeurs, qu'ils fussent catholiques,
protestants, juifs ou philosophes, la nomination des évêques, aux citoyens actifs, celle des curés (12 juill.). L'assemblée y ajouta bientôt
la faute d'exiger des ecclésiastiques le *serment* de fidélité à une constitution où une coalition de dissidents et d'incroyants avérés avait
introduit une pareille monstruosité. A ces traits, on reconnaissait
une influence qui n'est plus contestable aujourd'hui. Le refus de la
très grande majorité du clergé de prêter ce serment allait combler les
vœux des jansénistes, en mettant à leur disposition, pour persécuter
leurs concitoyens catholiques, ce bras séculier qui leur manquait depuis la déchéance des parlements (27 nov.).

Ils allaient avoir bientôt à leur discrétion d'autres auxiliaires que
les conseils administratifs et les tribunaux. La fameuse société des
*Amis de la Constitution*, qui semblait s'être donné pour mission d'opposer aux corps constitués des comités chargés d'en découvrir les abus
vrais ou supposés, et avait fini par entreprendre sur les droits de
l'Assemblée nationale elle-même, avait, dès 1789, des ramifications
dans toute la France. Dans le courant de l'année 1790, elle s'était
déjà affilié plus de douze cents clubs de province. Une de ses premières succursales avait été celle de Besançon ; elle ne tarda guère
à en avoir une à Ornans. Le club des Jacobins de cette dernière ville
fut fondé, au mois d'octobre 1790, par le procureur-syndic Bailly, les
procureurs et notaires Maire et Marlet, et les praticiens Maire et Vaite,
auxquels vinrent bientôt s'adjoindre, avec le praticien Jos.-Bern. Boulet, de plus petites gens, l'huissier P. Courbet, l'instituteur M.-Fr.
David et le négociant J.-Fr. Grandjacquet. A Ornans, on le voit,
comme partout ailleurs, parmi les Jacobins on trouve au premier
plan « ceux que l'éducation a mis en état d'entendre un principe abs-
trait et d'en déduire les conséquences, mais qui, dépourvus de prépa-
ration spéciale, enfermés dans le cercle étroit de leur besogne locale,
sont incapables de se figurer exactement une grande société complexe
et les conditions par lesquelles elle vit.... Au second plan sont les
hommes qu'une première ébauche d'éducation a mis en état d'entendre mal un principe et d'en mal déduire les conséquences, mais en
qui l'instinct dégrossi supplée aux défaillances du raisonnement gros-

sier : à travers la théorie, leur cupidité, leur envie, leur rancune devine une pâture, et le dogme jacobin leur est d'autant plus cher que, sous ses brouillards, leur imagination loge un trésor sans fond…. » Bientôt apparaîtra, avec les Jos. Bon, les S. Charmigney, les Jac. Douthaud, les J.-Fr. Duprey, les Et. Etevenon, les S. Morel, les J.-B. Pillot-Cousinot, cette « queue fangeuse de toute insurrection ou dictature populaire, » dont parle Taine, « ces vagabonds rebelles à la subordination et au travail, qui, au milieu de la civilisation, gardent les instincts de la vie sauvage, et allèguent la souveraineté du peuple pour assouvir leurs appétits natifs de licence, de paresse et de férocité (1)…. » Alors, la peur, peut-être aussi le désir de sauver les autres sans courir grand risque pour soi-même, décidera des hommes, comme les juges J.-Cl. Teste et Cl.-Fr. Doney, anciens officiers du bailliage, le docteur Quetaud, le chirurgien Verney, les avoués Chaillet et Roy, à subir la honte de l'affiliation.

Une loi du 2 novembre 1789 avait supprimé les ordres religieux, dont le régime, d'après les principes de la majorité des constituants, était en opposition avec les droits de l'homme. Cette loi devait entraîner la destruction de tous les corps ecclésiastiques et laïques avec la confiscation de leurs biens. Aucune corporation, pas même celles qui sont vouées au service des hôpitaux ou à l'enseignement public, ne pouvait dès lors subsister. Sur la fin de décembre 1790, les religieux et religieuses étaient mis en demeure d'opter entre le monde et le cloître. Les minimes d'Ornans se partagèrent : cinq demandèrent à rentrer dans la vie civile et trois à continuer la vie religieuse (2) ; mais les ursulines, au nombre de vingt, déclarèrent toutes qu'elles préféraient conserver leur règle et leur état (3). Nous avons vu dans quelle triste situation elles vivaient depuis un an. Cette situation était devenue alors tellement intolérable que le district avait été obligé d'en informer le département. Mais que pouvait-il faire? Les ursulines continuèrent à vivre d'aumônes. De leur côté, les minimes restés fidèles, après avoir végété pendant le même temps, se réuni-

---

(1) Taine, *Révolution*, t. II, p. 26 à 28.
(2) J. Sauzay, *Persécution révolutionnaire dans le département du Doubs*, t. I, p. 247.
(3) Id., *ibid.*, p. 246.

rent aux cordeliers et aux carmes pour former une communauté [1].
Ces religieux, au nombre de vingt et un, obtinrent du département
qu'il mît fin à la triste incertitude où ils vivaient, en leur désignant
une maison où ils pussent se réunir. Le département leur assigna le
couvent des minimes de Besançon. Le 12 avril 1791, ils élurent pour
supérieur le P. Sancey, minime d'Ornans, et, pour procureur, le
P. Lanoy, du même ordre. Les hospitalières, plus heureuses parce
qu'elles n'étaient considérées que comme de simples congréganistes,
restèrent en possession de leurs droits de famille et de propriété [2].

(1) La perte des minimes fut vivement sentie par la partie saine de la population. Le 8 octobre un certain nombre de bons citoyens, Cl.-Fr. Colard-
Luc, J. Andriot, Cl. Bart, Jos. Colard-Claudame, P. Tombal, Fr. Colard dit
Grand, Cl. Nodier le jeune, Cl.-Fr. Baron, et J. Muselier, avaient demandé à
la municipalité et obtenu d'elle l'autorisation, pour un grand nombre de
citoyens actifs, de se réunir dans la chapelle de la Congrégation, paisiblement
et sans armes, pour rédiger et signer une pétition aux corps administratifs
à l'effet de conserver l'établissement des minimes.
(2) J. Sauzay, *loc. cit.*, p. 261 et 248.

## II.



La constitution civile du clergé, sanctionnée à regret par
Louis XVI, le 26 décembre 1790, fut mise en vigueur dès le mois suivant. On eût dit que l'Assemblée nationale avait hâte de consom-
mer la faute capitale que la fatale influence des jansénistes lui avait
fait commettre ! Le clergé du district d'Ornans fut presque unanime
à refuser le serment schismatique : sur les trente curés, les vingt et
un vicaires en chef et les vingt vicaires commensaux, sur les
soixante et onze prêtres enfin qui y étaient astreints, quatre curés,
un vicaire en chef et un vicaire commensal seulement prêtèrent le
serment pur et simple et y persistèrent. Le vénérable curé d'Ornans
et ses deux vicaires, MM. Vergey et Millesse, ne le prêtèrent qu'avec
réserve. Ils furent imités en cela par l'abbé P.-Jos. Muselier, prêtre
originaire de la ville et vicaire à Fertans. Parmi les nombreux prêtres, compatriotes de ce dernier, qui exerçaient des fonctions publiques, seuls les trois abbés Marlet manquèrent à leur devoir ; tous les
autres, Cl.-Ant.-Jos. Bailly, vicaire général et official diocésain, frère
du procureur-syndic ; J. Colard, curé de Chamboruay-lez-Pin ; P.-Jos.
Colard-Luc, directeur au séminaire ; J.-B. Dupuy, curé de Chassey-
lez-Montbozon ; Et.-Fr. Cuenot, curé de Scey-en-Varais ; J.-B. Cue-

not, son vicaire; Lég. Martel, curé de Lavans-lez-Dole; P.-Fr. Cuenot, son vicaire; Math.-Fr.-Éléon. Sanderet de Valonne, curé et
doyen de Poligny, et P.-Fr. Tombal, directeur au séminaire, y restèrent fidèles. Nous verrons plus tard que les familiers, devenus
simples prêtres habitués, et, comme tels, dispensés du serment, ne
furent, pas plus qu'eux, épargnés par la persécution révolutionnaire.
Un seul des religieux nés à Ornans, le P. J.-Jac. Gaudot, cordelier
du couvent d'Auxerre, prêta serment. Ses mœurs faisaient peu d'honneur au clergé constitutionnel.

Le 23 janvier 1791, la municipalité, prévenue que le curé et ses vicaires devaient satisfaire à la loi au moment du prône de la messe
paroissiale, se rendit en corps à cet office. « Comme on craignait
beaucoup que ces trois ecclésiastiques ne profitassent de la circonstance pour exposer en public, sans risque d'être interrompus, leurs
sentiments peu favorables à la constitution civile du clergé, le
maire (1) se rendit à la sacristie pour leur rappeler que le serment
devait avoir lieu, non pas au moment du prône, mais à l'issue de
l'office. Lorsque le curé monta en chaire après l'évangile, l'avocat
Roy (2), procureur de la commune, s'avança également vers lui, et
lui rappela encore une fois la même prescription. Le curé se contenta de répondre qu'il recommencerait, s'il le fallait, et déclara à
ses paroissiens qu'il prêtait volontiers le serment pour tout ce qui
était de l'ordre politique, mais qu'il en exceptait formellement tous
les objets qui dépendaient essentiellement de l'autorité spirituelle.
Les deux vicaires firent après lui la même profession de foi, et toutes
les autorités furent contraintes d'entendre jusqu'au bout cette triple
exposition d'une doctrine » qu'un district voisin qualifiait de sanguinaire. « Avant le dernier évangile, le curé, s'étant avancé du côté
des fidèles, annonça qu'il allait réitérer son serment. Alors le procureur de la commune s'avança de nouveau et le requit de s'expliquer,
s'il entendait prêter le serment tel qu'il était prescrit; le curé et ses
vicaires ayant protesté qu'ils n'en prêteraient pas d'autre que celui
qu'ils avaient déjà prononcé, la municipalité se retira. Le procureur
de la commune, sans perdre de temps, requit le conseil munici-

(1) L'avocat P.-Ant. Cuenot, président du tribunal.
(2) Il était simplement avoué.

pal (1) de prononcer la nullité du serment du curé et de ses vicaires....
La municipalité recula devant une mesure qui blessait tous ses sentiments de respect filial à l'égard d'un homme aussi recommandable
et se borna à donner au procureur de la commune un récépissé de sa
réquisition sans y faire droit (2). » Roy s'adressa alors au procureur-
syndic du district, dont il avait toute chance d'être entendu.

L'Assemblée nationale avait fait de louables efforts pour rendre
aussi exacte que possible la séparation des pouvoirs législatif, exécutif et judiciaire, que l'ancien régime réunissait dans les mêmes
mains. Mais elle avait compté sans l'esprit autoritaire des corps administratifs qu'elle avait créés ; ils ne tardèrent pas, en effet, à em-
piéter sur les attributions des tribunaux composés, en général,
d'hommes probes et modérés, d'ailleurs trop peu expéditifs à leur
gré. Les administrateurs de tout ordre prirent, dès le premier jour
pour ainsi dire, l'habitude d'infliger des peines qu'ils n'avaient pas
qualité pour prononcer. Quelques jours après la prestation de serment des membres du clergé paroissial, le maire d'Ornans informait
la municipalité des propos, incendiaires suivant lui, qui étaient tenus
en ville contre la constitution civile du clergé. Comme ils étaient,
pensait-il, de nature à troubler les consciences et à semer la discorde,
et qu'ils pouvaient, si l'on n'y mettait promptement ordre, occasion-
ner des désordres, il opinait qu'il y avait lieu de sévir sans retard.
Il termina en dénonçant un honorable citoyen de la ville, P.-Jos.
Tombal, assesseur du juge de paix et ancien officier municipal,
comme le principal auteur et propagateur des propos incriminés. La
municipalité qui n'avait, en cette circonstance, qu'un devoir à remplir, celui de faire signifier cette dénonciation à l'accusateur public,
trouva plus commode d'appeler M. Tombal devant elle. Cet homme,
dont nous aurons plusieurs fois à admirer le courage civique, ne crai-
gnit pas de répondre à une citation qu'il savait illégale, mais qui
allait lui procurer l'occasion d'affirmer, avec la crânerie qui lui était
habituelle, son opinion sur la grande question du moment. A la viru-
lente apostrophe du maire qui lui reprochait d'avoir dit, à qui vou-

---

(1) Le conseil municipal d'alors ne doit pas être confondu avec le conseil
général de la commune. Il se composait uniquement du maire et des officiers
municipaux. Le conseil général comprenait le conseil municipal et les notables.

(2) J. Sauzay, *loc. cit.*, t. I, p. 340 et 341.

lait l'entendre, que les prêtres fonctionnaires publics, qui prêtaient le serment, étaient des schismatiques et voulaient établir une autre religion que la religion catholique, il répondit simplement que bien d'autres que lui et de fort bons patriotes disaient plus encore. Il ajouta fièrement qu'il croyait être libre de ses pensées, avoir le droit de les exprimer et être le seul juge de l'opportunité et de la forme de ses propos. Peu lui importait qu'on le dénonçât, le maire pouvait le faire, si bon lui semblait, il n'en persisterait pas moins à dire ce qu'il penserait. Il se retira enfin en disant qu'on l'avait fort mal à propos dérangé (6 févr.). Le lendemain, le procureur de la commune, absent de cette mémorable séance, après avoir pris connaissance du procès-verbal, requit contre l'audacieux deux jours de prison « pour *dérespect* porté au conseil municipal assemblé et en fonctions, » et demanda en outre qu'il lui fût permis de faire informer judiciairement contre lui et contre tous ceux « qui se sont permis de tenir des propos incendiaires contre la constitution et les membres de l'Assemblée nationale (1). » Sur quoi, les conseillers municipaux, s'érigeant en juges, condamnèrent M. Tombal à deux fois vingt-quatre heures de prison et enjoignirent au procureur de la commune d'informer contre lui « et tous autres fauteurs et adhérents. » L'histoire ne dit pas si le condamné, qui n'y était tenu par la loi, consentit à subir la peine.

Conformément au décret de l'Assemblée nationale, les évêques et les curés insermentés devaient être considérés comme démissionnaires et remplacés. Le district d'Ornans, inquiet au sujet des dispositions de l'esprit public parmi ses religieux administrés, convoqua, dans une réunion extraordinaire, avec la municipalité et le commissaire du roi, les électeurs résidant dans la ville. Après avoir exposé le motif de la démarche du district, le procureur-syndic invita les assistants à donner à ce corps constitué tous les renseignements qu'ils pouvaient avoir en leur possession. Le maire s'empressa aussitôt de

---

(1) Il visait principalement « ceux qui ont distribué et répandu des libelles incendiaires, notamment un prétendu et faux bref du pape envoyé au roi contre la constitution civile du clergé et tous autres écrits de même espèce, comme encore ceux qui ont tenu des propos contre l'instruction de l'Assemblée nationale sur l'organisation civile du clergé, en disant que cette instruction contenait plusieurs hérésies.... »

déposer sur le bureau un écrit qui lui avait été signifié par huissier et qui concernait aussi les électeurs. C'était une énergique protestation du curé contre son remplacement proposé à la sanction des électeurs. « Le dimanche 23 janvier, écrivait M. Trouillet, j'ai prêté le serment en exceptant formellement les objets qui dépendent essentiellement de l'autorité spirituelle. Si quelques personnes se sont élevées contre cette mention, l'instruction de l'Assemblée nationale du 21 janvier, lue en chaire le 2 février, par un officier municipal, a dû les rassurer, puisque l'Assemblée reconnaît elle-même *qu'il n'est pas en son pouvoir de porter la main à l'autorité toute spirituelle de l'Église.* La loi porte que ceux des ecclésiastiques fonctionnaires publics *qui n'auront pas prêté le serment* seront réputés avoir renoncé à leur office et qu'il sera pourvu à leur remplacement. Or, c'est chose notoire que j'ai prêté le serment, et il serait contradictoire d'appeler ma prestation de serment un refus de le prêter. Quand même ce serment ne paraîtrait pas légal, ni MM. les officiers municipaux ni MM. les administrateurs ne sont établis pour en juger. Où est le décret qui les y autorise ? Parmi les ecclésiastiques qui ont prêté le serment, presque tous l'ont revêtu d'explications. La distinction qu'on en fait ne suit aucune règle. Les uns sont admis, les autres, avec le mien, sont rejetés arbitrairement ; quelques-uns sont rejetés après avoir été admis. La seule loi connue est que les administrateurs fassent punir par des remplacements le refus simple du serment, et là finit leur pouvoir. Mais c'est à l'Assemblée nationale à prononcer sur la valeur des serments prêtés. Par ces considérations, je m'oppose à toute élection qui pourrait être faite d'un prétendu successeur pour me déposséder (25 mars). »

Cette protestation, si fortement motivée, mit le district dans un sérieux embarras ; aussi, faute d'arguments à opposer à la logique de l'abbé Trouillet, se décida-t-il à en référer au département, auquel il députa le jour même, avec Cl.-Fr. Maire, un de ses membres, les officiers municipaux Et. Belin et J.-Cl. Colard-Maîtrot. Le département décida, contre toute justice, que le serment du curé d'Ornans était contraire à l'esprit du décret du 27 novembre et de l'ordonnance royale du 26 décembre, tandis qu'on ne pouvait même pas lui reprocher un vice de forme. Les Bridoisons du Directoire prétendaient que la prestation avait expressément dérogé à la formule du serment, qu'il avait cependant reproduite intégralement, parce qu'il s'était permis d'y ajouter quelque chose. Ils ajoutaient, ce qui était également faux, qu'il « avait décidé qu'il y avait dans la constitution des articles qui touchaient au pur spirituel, quoique l'Assemblée nationale eût annoncé le contraire. » Enfin, ils tiraient de deux prémisses, aussi fausses l'une que l'autre, la conclusion que les électeurs devaient procéder à son remplacement. Ils croyaient pouvoir compter sur les électeurs ou plutôt sur ceux, en très petit nombre, des électeurs qui oseraient se substituer à l'autorité ecclésiastique ; nous allons voir qu'ils ne furent pas trompés dans leur espoir (26 mars).

Les émissaires envoyés par le district au département, en même temps qu'ils avaient à lui soumettre la protestation de l'abbé Trouillet, devaient informer le Directoire des craintes que son remplacement inspirait à leurs collègues du district et de la municipalité. Une pétition demandant le maintien du curé circulait depuis quelques jours de maison en maison et se couvrait de signatures. On annonçait une résistance ouverte aux décisions de l'assemblée électorale qui allait se réunir pour donner des successeurs aux curés réfractaires. Une moitié de la ville armait ouvertement contre l'autre. Bref, le département était instamment prié « de pourvoir, par tous les moyens de prudence et de force que sa sagesse lui inspirerait, pour le jour des élections, à la liberté et à la sûreté des membres du corps électoral, des administrateurs et de tous les autres citoyens de la ville et du dehors. » Le Directoire chargea le procureur-syndic Bailly, sur le zèle antireligieux duquel il croyait pouvoir compter, de requérir le commandant de la garde nationale de mettre sous les armes le nombre d'hommes nécessaire pour assurer la sécurité et la liberté de l'assemblée électorale.

Cette assemblée se réunit le 27 mars, sous la présidence d'Alexandre Besson, ancien notaire à Amancey, vrai type du robin de l'ancien régime, gredin sinistre pour lequel la Révolution ne fut jamais qu'une bonne affaire et que le choix des procédés gênait peu. A l'abri des fusils et des sabres de la milice citoyenne, les électeurs, rassurés contre les sentiments de la population, commencèrent par repousser les réclamations de l'abbé Trouillet. Une pétition présentée par M. P.-Jos. Tombal et signée par un grand nombre de citoyens de la ville, aux fins d'obtenir le maintien de son vénéré pasteur, eut le même sort. On lui fit même un accueil menaçant et on décida que, cotée et paraphée par le président et le secrétaire, elle serait remise à la municipalité, qui en ferait l'usage que les circonstances pourraient nécessiter. Elle appela ensuite à la cure d'Ornans l'abbé J.-Louis Marlet, professeur de logique au grand collège de Besançon, le seul membre du distingué personnel de cet établissement qui eût prêté le serment pur et simple ; à celle de Villers-sous-Montrond, l'abbé Émourgeon, vicaire en chef à Guyans-Durnes ; à celle de Vernier-fontaine, vacante par suite de décès, l'abbé Monnier, familier à Vercel ; à celle de Fertans, l'abbé Fr.-Jos. Tournoux, vicaire à Vernier-fontaine ; à celle de Scey-en-Varais, le P. J.-Jacq. Besson, cordelier de Paris et docteur en Sorbonne ; à celle de Vuillafans, le P. Cl.-Ét. Marlet, ex-capucin. Sur ces six ecclésiastiques, deux seulement acceptèrent les postes que les électeurs leur avaient attribués. Les abbés Émourgeon et Tournoux, bien que jureurs, refusèrent pour obéir à leur conscience, et les deux Marlet, parce qu'ils visaient à des situations plus élevées. A peu de temps de là, en effet, J.-Louis était vicaire épiscopal de l'évêque métropolitain du Doubs, P.-C.-Fr. Seguin, et Cl.-Étienne, vicaire épiscopal de J.-B. Flavigny, évêque de la Haute-Saône. Un troisième Marlet, J.-Claude, frère des précédents, ancien carme, ne devait pas tarder à aider de ses conseils l'évêque du Jura, F.-H. Moïse, ancien professeur de théologie au grand collège de Dole. Les trois Marlet devaient être jusqu'à la fin les plus fermes soutiens de l'Église constitutionnelle, tandis que leur frère, le notaire Fr.-Ph. Marlet, plus pratique qu'eux encore, exploitait la Révolution comme un riche filon et mettait de côté pour leurs vieux jours.

Obligés, par le refus de concours de la majorité de leurs élus, à faire de nouveaux choix, les électeurs du district d'Ornans se réunirent de nouveau, le 22 mai, sous la présidence de J.-Ant. Tournier, commissaire du roi près le tribunal. Ils étaient en fort petit nombre. Dans une lettre adressée au président, un électeur considérable, M. J.-Fr. Martin, juge de paix du canton de Vercel, refusait de prendre part aux opérations de l'assemblée. Après s'être réclamé de la fameuse déclaration des droits de l'homme et du citoyen, droits au nombre desquels se trouve la liberté, le courageux magistrat déclarait qu'il ne croyait pas avoir reçu de ses commettants le mandat de nommer à des cures. Moins scrupuleux que leur collègue, les électeurs présents, parmi lesquels on distinguait un futur régicide et un terroriste de l'avenir, les citoyens Alex. Besson et H.-Jos. Calamard, nommèrent à la cure d'Ornans le cordelier Besson ; à celle de Vuillafans, le bénédictin Sterque ; à celle de Scey-en-Varais, le cordelier Gaudot ; à celle de Villers-sous-Montrond, l'abbé Deleschaux, vicaire de Saint-Paul de Besançon ; à celle de Cléron, l'abbé Bugnet, vicaire de Mouthier ; à celle de Fertans enfin, l'abbé Courtout, vicaire en chef du Luisans. Ces deux derniers refusèrent les offres qui leur étaient faites, et les cures de Fertans et de Cléron furent données à l'abbé Monnier, vicaire de Nods, et au capucin Ligier. Les paroissiens forcés de Ligier n'eurent besoin de personne pour les débarrasser de son odieuse présence ; si les procédés qu'ils employèrent à cet effet ne furent pas toujours d'une entière distinction, du moins furent-ils efficaces, et leurs adversaires n'avaient d'ailleurs rien à leur reprocher sous ce rapport. Le minime Jeunet et le nommé Planet, autre moine défroqué, remplacèrent les vicaires d'Ornans. Les électeurs n'étaient pas au bout de leurs peines : ils devaient se réunir de nouveau le 12 septembre, toujours sous la présidence de J.-Ant. Tournier, pour donner des pasteurs constitutionnels à quinze paroisses. Ils durent alors faire flèche de tout bois et emprunter plus que jamais leurs tristes élus au ci-devant clergé régulier.

Entre temps, la municipalité d'Ornans s'était engagée, sur les pas du maire et des membres les plus influents du conseil, dans la voie du schisme constitutionnel. Le 25 avril, elle avait décidé que l'entrée de l'évêque Seguin à Besançon, entrée qui devait avoir lieu le 30, serait annoncée par le son de toutes les cloches de la ville ; qu'on allumerait, à cette occasion, un feu de joie, pendant lequel on tirerait les fauconneaux, et qui serait suivi de l'illumination générale des rues, « cela à peine de dix livres d'amende » pour les citoyens qui s'abstiendraient. Elle avait décidé en outre qu'elle déléguerait un de ses membres pour féliciter « le respectable prélat » de son installation. La nomination de J.-Jacq. Besson à la cure d'Ornans ne l'en mit pas moins dans un sérieux embarras. Deux jours avant l'arrivée de cet intrus (25 mai), le curé dépossédé occupait encore ̣a presbytère, qu'il habitait depuis quarante-cinq ans, et la municipalité informait le département qu'il refusait de le quitter. Le Directoire répon-

dit qu' « on pouvait mettre ses meubles dehors, mais avec ménagement et en les déposant en lieu sûr. » Faut-il voir, dans ce mot de
ménagement, une expression de regret de la décision qu'il prenait,
ou n'est-il pas plutôt celle de la crainte que trop de rigueur ne sou-
levât à la fin une population attachée à un pasteur dont elle était, à
juste titre, très fière ? Forts de cet appui, les municipaux arrêtèrent
« d'inviter et requérir par écrit M. Trouillet, ancien curé, d'évincer
(*sic*) et rendre libre la maison curiale » et, en fait de ménagement,
le menacèrent, en cas de refus ou de retard, de l'y contraindre par
la force publique et par toutes voies de droit (26 mai).

Jugeant sans doute qu'il avait été suffisamment pourvu aux besoins
spirituels de leurs administrés, les municipaux d'Ornans se mirent
en devoir de faire cesser, aux anciens familiers (1), toutes fonctions
pastorales, qu'elles fussent ou non publiques, au mépris de la loi qui
avait maintenu provisoirement ces prêtres dans le droit de les exercer. Le 16 juin, le procureur de la commune accusait, en séance, les
familiers de s'immiscer dans les fonctions pastorales en administrant
aux malades les sacrements d'eucharistie et d'extrême-onction. Il
leur faisait aussi un crime de ne pas faire annoncer par la cloche les
prières de l'agonie. Qu'eût-ce été s'ils avaient fait le contraire ? Bref,
d'après le zélé procureur, il était évident que ces manières de faire
ne tendaient à rien moins qu'à troubler l'ordre public, à semer la division dans les familles et à provoquer la guerre civile. La municipalité, se rangeant à son avis, déclara « que de semblables procédés
poussaient effectivement le peuple à se déchirer et à lui faire con-
fondre le sort de la religion avec celui de quelques-uns de ses ministres, tandis que le triomphe de cette religion sainte était assuré par
son retour à sa primitive et sublime simplicité. » Sur ces considérants papelards, elle décida « que les prêtres non-conformistes seraient invités à s'abstenir de toutes démarches contraires à la loi, et
qu'il leur était défendu d'exercer aucune fonction pastorale sans le
consentement exprès et par écrit du curé Besson (pour lequel on faisait cette belle campagne), sous peine d'être poursuivis comme perturbateurs de l'ordre public. »

(1) MM. J.-Cl. Belin, Cl.-Ambr.-Br. Cardey, Cl.-Et. Champereux, Ant.-Jos.
Clerc, Cl.-Jos. Laloue, Cl.-Jos. Poulain et Jac.-Jos. Roy. Ils étaient tous restés
fidèles.

Cependant approchait le premier anniversaire de la Fédération. Le
10 juillet, le maire d'Ornans convoquait le conseil municipal et lui
rappelait, avec son onction habituelle, qu'en ce jour mémorable,
d'un bout de l'empire à l'autre, les gardes nationales et les citoyens
allaient élever de nouveau, à la même heure, leurs voix et leurs
cœurs vers le ciel et, réunis au pied d'un autel, jurer encore leur
attachement inviolable à la nouvelle constitution du royaume. Il
ajoutait qu'une semblable cérémonie, religieuse et patriotique à la
fois, aussi auguste qu'imposante, dilate l'âme, comble de joie les
bons citoyens, en renouvelant et en resserrant plus étroitement l'u-
nion qu'ils se sont vouée, et met le sceau à leur fidélité. Il proposait
enfin d'aviser aux préparatifs qu'il convenait de faire pour répondre
aux vœux de la population et à l'importance de la fête du 14. Le
conseil arrêta qu'on élèverait, sur la place d'armes, un autel à la
patrie sur lequel serait célébrée la sainte messe, à l'issue de laquelle
on renouvellerait le serment et on chanterait le *Te Deum*. Il invitait
les citoyens de bonne volonté à contribuer tous à l'édification de
l'autel et à sa décoration. Les fauconneaux de la ville devaient être
tirés durant la célébration de la messe et le chant de l'hymne d'actions de grâces. Il ordonnait, pour le soir, une illumination générale.
Tous les citoyens étaient conviés à la cérémonie, à laquelle les administrateurs du district, les membres du tribunal, le juge de paix et
ses assesseurs, la garde nationale et la maréchaussée seraient priés
d'assister. Enfin, le conseil recommandait aux citoyens la plus grande
tranquillité, l'harmonie qui « doit faire le premier lustre » d'une fête
auguste, et les conjurait surtout de ne pas la souiller par des rixes et
des batailles. Il comptait « trop sur leur civisme pour avoir lieu d'ap-
préhender la moindre action contraire à la loi. » Le conseil y comptait en réalité fort peu, et il avait raison. Quelques jours après, les
amendes et les jours de prison pleuvaient sur ceux des habitants, et
ils étaient nombreux, qui s'étaient abstenus d'assister à la fête de la
place d'armes ou d'illuminer, comme sur ceux qui avaient eu le tort
de répondre par des voies de fait aux insolences des fédérés. On
venait de diviser le peuple en deux tronçons, et ce n'étaient pas les
beaux discours qui pouvaient les rejoindre.

Chassés de leur église, les familiers de Saint-Laurent s'étaient
réfugiés dans les chapelles extérieures, encore ouvertes pour la plu-

part ; mais la haine de leurs adversaires ne devait pas tarder à les y poursuivre et à provoquer la fermeture de ces derniers asiles de la piété. C'est au district que revient l'infamie d'une mesure bien autrement compromettante pour la paix publique que l'exercice du culte par ceux qui l'avaient assuré jusqu'alors, et qui conservaient la confiance de l'immense majorité de la population ornacienne ! Il commença par la chapelle des Ursulines et procéda, dans la circonstance, avec l'habileté de mauvais aloi qui distinguait la plupart de ses membres. Comme il s'agissait, avant tout, de mettre ces religieuses dans leur tort vis-à-vis de l'administration supérieure, on imagina de leur députer un méchant homme, J.-Fr. Grandjacquet, négociant à Ornans, qui venait de remplacer au district le vénérable abbé Outhenin, démissionnaire (1), pour les interroger sur leurs sentiments à l'égard de l'évêque Seguin. La supérieure, M<sup>me</sup> Bouzon, et toutes les religieuses « répondirent avec fermeté qu'elles ne reconnaissaient ni l'évêque ni le curé constitutionnels pour leurs supérieurs légitimes ; qu'elles n'avaient pas prêté serment pour les soins tout à fait libres et gratuits qu'elles donnaient aux enfants pauvres et qu'elles n'en prêteraient jamais. » Le district, qui s'attendait à cette déclaration, la dénonça, dès le lendemain, au département, qui lui prescrivit d'interdire tout enseignement aux ursulines, de fermer les portes de leur église et de transporter dans ses magasins tous leurs vases sacrés, linges d'autel, livres et ornements, sans exception, attendu qu'elles pouvaient assister aux offices de la paroisse quand elles le jugeraient à propos. Le 21 juillet, deux membres du district, Cl.-Fr. Maire et Cl.-Fr. Richardin, vinrent exécuter cette sentence, au mépris des décrets qui assuraient, aux communautés dites non-conformistes, le libre exercice de leur culte dans l'intérieur de leurs maisons et le droit de conserver tous les objets à son usage. Ils intimèrent de plus aux religieuses l'ordre de cesser immédiatement leur enseignement, bien qu'elles le donnassent gratuitement et sans délégation, ni de l'État, ni de la ville.

Le département avait ordonné, en même temps, la fermeture de la chapelle de l'hôpital Saint-Louis, dont les religieuses refusaient d'en-

---

(1) Il avait donné sa démission d'administrateur le 29 janvier, pour ne pas prêter le serment.

tendre la messe de l'aumônier assermenté et assistaient à celle d'un familier qui méconnaissait l'autorité du nouveau curé. C'était ce dont les accusait le district, et peut-être, nous aimons à le croire, était-il dans le vrai. Ses dires étaient sans doute beaucoup plus contestables, quand il affirmait que les sœurs détournaient les malades des offices de l'aumônier, principalement les malades militaires, se montraient les ennemies de la constitution et devenaient dangereuses. Le département enfin informait le district qu'il était autorisé à faire fermer, non seulement les chapelles des couvents, mais encore celles de la confrérie de la Croix et des autres congrégations. C'était aller au-devant des désirs du district. La lettre du département était du 19 juillet; dès le surlendemain, le directoire d'Ornans arrêtait, sur la réquisition de Bailly, qu'il serait enjoint aux administrateurs de la confrérie de la Croix (1) et de la Congrégation des hommes mariés de fermer les oratoires de leurs sociétés hors le temps de leurs exercices religieux. Ils devaient aussi remettre, au secrétariat du district, le pro-cès-verbal de la réunion où ils avaient dû prêter le serment et, dans les trois jours, le double de la délibération qu'ils étaient sommés de prendre sur cet arrêté. La Congrégation se soumit à tout; mais la confrérie de la Croix chargea son secrétaire (2) de demander au district communication des décrets de l'Assemblée nationale relatifs à l'ouverture et à la fermeture des églises particulières, ainsi qu'à la prestation de serment des membres des confréries laïques. C'était embarrasser singulièrement le district, qui pria le département de le tirer de peine en faisant sien un arrêté du département de Paris, en date du 11 avril. Il n'attendit pas longtemps : deux jours après, le département prononçait la fermeture d'édifices où les prêtres qui avaient refusé de se soumettre à la loi attiraient des fidèles qui n'assistaient point aux offices de la paroisse.

Cette mesure ne s'appliquait pas seulement aux chapelles de l'hôpital, de la confrérie de la Croix et de la Congrégation. Il fut enjoint à MM. Simonin, qui avaient acheté la chapelle de Sainte-Anne, où leur père était inhumé, de n'y faire célébrer aucune messe per des prêtres insermentés, à moins que ce ne fût sans sonner et après

(1) MM. J. Cuenot, Cl.-Fr. Doney, J.-Cl. Teste, L. Marchand, J.-C. Vorbe, M. Colard, S.-Fr.-H. Colard, L.-Fr. Bouquet.

(2) Cl.-Jos. Chaillet.

avoir fermé la porte. Ils devaient aussi placarder sur cette porte une inscription indiquant que la chapelle était le temple des non-conformistes. Ancien élève et novice des oratoriens, comme tel quelque peu janséniste, passablement philosophe au demeurant, M. Simonin cadet (Simonin de Maléchard) se croyait peu suspect de tendresse pour les prêtres insermentés, avec lesquels il n'avait que des rapports de simple bienséance. Contrarié qu'on eût pu le soupçonner de favoriser des réunions inconstitutionnelles, indigné surtout qu'on lui eût « signifié avec affectation » l'arrêté du département et qu'on l'eût affiché avec profusion aux portes des églises (c'était un dimanche) et à tous les carrefours, il y répondit par une lettre qui est un curieux spécimen des pensées de l'individu et du style de l'époque [1]. Après avoir affirmé qu'on n'avait dit que quelques messes à Sainte-Anne, depuis que l'ancien aumônier avait cessé de desservir cette chapelle, il protestait qu'en la conservant, il n'avait « fait que payer un tribut à la piété filiale, » qui lui « imposait la loi impérieuse de préserver les restes d'un père vertueux. » « Si je voulais, poursuivait-il, adopter une inscription, ce serait celle-ci : *A la piété filiale....* Sur une simple dénonciation calomnieuse, vous avez pu me condamner sans m'entendre. On donne à votre arrêté la même publicité qu'à un jugement en matière criminelle. Si vous êtes justes...., vous prendrez un nouvel arrêté qui confondra les calomniateurs, et je demande qu'il me soit libre de le faire imprimer et afficher. » Le département répondit qu'il ignorait ses idées sur la constitution civile du clergé ; qu'il avait voulu seulement empêcher que des prêtres réfractaires ne tentassent de créer une paroisse dans la paroisse ; et que, s'il avait à se plaindre des procédés dont on avait usé à son égard, il pouvait en porter plainte dans la forme légale. Au lieu de s'adresser au tribunal, dont il suspectait peut-être l'impartialité, M. Simonin de Maléchard renouvela sa protestation, à laquelle le département répondit par une copie de sa précédente réponse.

La populace, surexcitée par les meneurs jacobins, n'avait pas attendu la fermeture des chapelles pour essayer d'en interdire l'accès aux prêtres catholiques. A Ornans, comme à Besançon [2], que la

_______

(1) Il faut la lire en entier dans J. Sauzay, *loc. cit.*, t. I, p. 607-608.

(2) M. Laviron rapporte (dans son journal) que plusieurs prêtres inser-

petite ville imitait servilement en tout, ils étaient chaque jour violentés aux abords de ces sanctuaires ; la police semblait ignorer ces sévices pour n'avoir pas à en poursuivre les auteurs, ou, lorsqu'elle était mise en demeure de les réprimer, mêlait de nouvelles injures pour les victimes aux vaines menaces qu'elle adressait aux coupables. Le procureur de la commune n'hésitait même pas à accuser de ces désordres les fanatiques (c'était l'expression à la mode pour désigner les catholiques fidèles) et les « propos scandaleux ou séditieux » qu'ils se permettaient contre la constitution civile du clergé et contre les prêtres assermentés. Il trouvait même tout naturel que le peuple (c'était encore un mot qu'on avait grandement éloigné de son sens habituel) se permît « de punir lui-même quelques prétendus (singulier aveu !) fanatiques, en les mettant de force sur des ânes et en les promenant par les rues, ce qui avait occasionné des attroupements. » La municipalité, qui était sans doute du même avis, se borna à déclarer, avec une paternelle indulgence, que ses aimables enfants seraient punis en cas de récidive. Ses membres commençaient, du reste, à s'habituer au rôle de tyrans subalternes.

Cette première série de violences fut close, le **27** août, par un arrêté où, dit **M. J. Sauzay**, le département « semblait avoir accumulé « à plaisir les rigueurs illégales (1). » Il avait appris, par une dénonciation, cela va sans dire — la dénonciation a toujours été le procédé favori des révolutionnaires — que, « dans le district d'Ornans, et notamment dans les cantons de Vercel, Orchamps et Nods, » on se coalisait pour empêcher l'exécution des décrets concernant le clergé. La faiblesse de certains membres des municipalités, de fréquentes réunions des prêtres et des autres personnes connues pour leur incivisme, et la présence des prêtres remplacés à proximité de leurs anciens postes, étaient les principales causes de troubles qui ne faisaient que s'accroître par l'impunité et qui étaient d'autant plus dangereux qu'ils avaient la religion pour prétexte. Le Directoire central prenait texte de là pour arrêter que les réunions signalées seraient dénoncées à l'accusateur public du tribunal d'Ornans. Il faisait en même temps défense aux prêtres remplacés de résider sur le terri-

mentés, allant dire la messe dans les chapelles encore conservées à cette époque, furent battus et traînés dans la rue.... » J. Sauzay, *loc. cit.*, p. 666.

(1) *Loc. cit.*, p. 631.

toire de leurs anciennes paroisses et même de s'en approcher de moins de trois lieues, et défense aussi de se réunir au nombre de plus de trois, dans les différents cantons du district et hors du chef-lieu, sans en avoir au préalable informé la municipalité du lieu. Enfin, il enjoignait aux municipalités de tenir la main à l'exécution de son arrêté, exécution dont il rendait leurs membres personnelle-ment responsables. La municipalité d'Ornans s'empressa de le si-gnifier à MM. Trouillet et Muselier. Celui-ci se réfugia à Fertans, où nous le retrouverons bientôt. Le vénérable curé d'Ornans répondit qu'il était de la ville, qu'il habitait sa propre maison, et qu'il ne pourrait en être chassé que s'il était une cause de désordre. Il ajou-tait qu'étant âgé de soixante-seize ans et de naturel paisible, il ne pouvait se persuader que l'arrêté signifié pût le concerner. On le laissa provisoirement tranquille.

En ce moment, avait lieu l'élection des députés à l'Assemblée légis-lative. Les électeurs, au nombre de trois cents seulement, s'étaient réunis, le 28 août, dans la grande salle du collège de Besançon, sous la présidence de l'évêque Seguin. Après une messe solennelle, célébrée par le nouveau principal, le capucin défroqué Vuillemin, on procéda au choix des députés. Les citoyens Jac.-Fr.-Ch. Monnot, Ch.-Bapt.-Fr. Vernerey, Alex. Besson, J.-B. Michaud, P. Bouvenot et J.-Fr. Voisard (d'Indevillers), six avocats, furent proclamés membres de la nouvelle assemblée, où ils devaient représenter respectivement les districts de Besançon, de Baume, d'Ornans, de Pontarlier, de Quingey et de Saint-Hippolyte. C'était la première étape de ces personnages vers les hautes régions du pouvoir. A ce moment déjà, on pouvait pré-voir leur sinistre avenir ; tous avaient donné la mesure de ce qu'on pouvait attendre et craindre de leur ambition malhonnête et de leur méchanceté. Nous retrouverons à la Convention les cinq premiers de la liste. Les mêmes électeurs avaient à nommer le président, l'ac-cusateur public et le greffier du tribunal criminel du département. Ant.-Melch. Nodier, homme de loi, maire de Besançon, fut élu pré-sident ; J.-B. Quirot, homme de loi, membre du département, fut élu accusateur public ; un sieur Berthet fut élu greffier. Les juges de ce tribunal devaient être empruntés, temporairement et à tour de rôle, aux tribunaux des districts. Les premiers furent les citoyens Verdy, du tribunal d'Ornans, Receveur, de celui de Saint-Hippolyte, et Proudhon, de celui de Pontarlier. On voit que les juges étaient au nombre de trois; en cas de partage, le président avait voix prépondérante.

Cependant, l'agitation signalée par le violent arrêté du 27 août n'avait fait que grandir dans les trois cantons spécialement mis en cause. De dix-neuf communes de cette région [1] arriva, le 15 septembre, au directoire départemental, une réponse identique, d'une grande vigueur, où débordait l'indignation de gens d'ordre et de foi, blessés dans leurs sentiments les plus chers. Elle était signée par les juges de paix des trois cantons [2] et leurs assesseurs, un membre du conseil général du district, un juge suppléant au tribunal d'Ornans [3], les municipalités de ces communes et presque la totalité de leurs citoyens actifs (huit cent soixante et onze personnes). Transcrite en autant d'exemplaires qu'il y avait de communes associées à cette démarche et signée par leurs seuls habitants, elle fut présentée au département par un ou deux commissaires spéciaux à chacune d'elles. Ces divers commissaires, à l'exception de ceux d'Eysson, de Longechaux et de Vercel, retardés dans leur voyage par une cause fortuite, présentèrent en même temps les exemplaires dont ils étaient porteurs. Cette imposante démarche ne trouva pas, auprès du département, l'accueil qu'elle méritait : il répondit aux doléances de nos braves montagnards par une insolente fin de non-recevoir et l'envoi de garnisaires. Pauvres gens ! ils en étaient encore à ignorer que, s'il est chose au monde que détestent les pouvoirs tyranniques, c'est la réclamation collective !

---

(1) Avoudrey, Domprel, Épenouse, Épenoy, Étalans, Etray, Eysson, Flangebouche, Grandfontaine-sur-Creuse, Guyans-Vennes, Loray, Longechaux, Passonfontaine, Plaimbois-derrière-Vennes, Rantechaux, la Sommette, le Valdahon, Vercel et Villedieu.

(2) MM. Martin, Pauthier et Humbert.

(3) M. Amyot.

## III.



La persécution révolutionnaire qui, jusqu'alors, n'avait sévi que contre les prêtres fidèles, n'allait pas tarder à s'étendre aux fidèles. Les habitants de Mouthier, dépossédés, au profit de ceux de Lods, du chef-lieu de la paroisse commune aux deux villages, refusaient de reconnaître pour leur pasteur l'intrus Crevat. Dans le courant de septembre 1791, une émeute eut lieu contre lui, et la garde nationale, requise par le maire et le procureur de la commune, refusa d'intervenir. Le procureur-syndic du district fut envoyé, en qualité de commissaire extraordinaire, pour rétablir l'ordre. Peu rassuré sur les dispositions générales de la population, Bailly se fit escorter par quatre gendarmes venus, à cet effet, de Besançon, trois gendarmes de la brigade d'Ornans, et vingt-six gardes nationaux de la ville. Il fallait que l'émeute qui avait motivé ce déploiement de forces eût été, en réalité, bien peu de chose, puisqu'elle ne donna lieu à aucune action judiciaire. Arrivé à Mouthier, Bailly réunit le conseil général de la commune dans l'église du prieuré et exigea de chacun de ses membres le serment de maintenir la constitution dans son intégrité. Deux honorables habitants, MM. Nicolas Simonin et P. Laurent Briet, qui refusèrent de prêter ce serment sans restrictions, furent suspendus de leurs fonctions municipales. Après cet attentat au droit électoral, le commissaire retourna à Ornans, laissant à Mouthier gardes nationaux et gendarmes pour y assurer la tranquillité. Cette petite troupe était commandée par le sieur Hébert, major de la garde nationale d'Ornans, et ne devait quitter le village que quand la municipalité le jugerait à propos.

Mis en goût par cette première exécution, Bailly demanda, le mois suivant, au district, la destitution du receveur des finances, M. J.-B. Chavassieux, dont la perte semble, dès cette époque, avoir été jurée par les Jacobins. Le gros du troupeau, *servum pecus !* lui reprochait sa fidélité religieuse et celle de sa famille, peut-être sans penser à le priver de sa situation ; mais elle plaisait à un notaire malin, caché dans la coulisse, et qui savait à merveille jouer du procureur-syndic. Le conseil général du district arrêta que le malheureux fonctionnaire serait appelé devant lui pour répondre aux charges dont on pensait l'accabler. On recueillit, en attendant, des dépositions. La première fut celle de l'officier municipal Garmont, qui se présenta, au nom de la municipalité, pour lui faire part des *bruits* qui couraient sur l'inculpé. Il fut suivi par le lieutenant-colonel,. le major, deux capitaines, deux lieutenants et le tambour-major (!) de la garde nationale, tous en uniforme et en baudrier. Ils venaient, comme députés de la milice citoyenne, porter plainte contre le sieur Chavassieux et les personnes de sa famille. Singulière inculpation ! ils reprochaient au receveur le mauvais accueil qu'il faisait aux prêtres constitutionnels, pour lesquels il n'y avait jamais dans sa caisse que de « gros » assignats, tandis qu'il recevait avec faveur les prêtres inconstitutionnels, et les payait en espèces sonnantes et trébuchantes. Ils affirmaient qu'une semblable conduite valait une destitution, et que celle-ci était d'autant plus nécessaire que le sieur Chavassieux avait perdu la confiance publique.

Le prétendu coupable comparut le lendemain et répondit avec un tel accent de franchise et de vérité, que ces ridicules imputations tombèrent d'elles-mêmes. Il protestait qu'il avait reçu tous les ecclésiastiques à son bureau avec une égale déférence. Si les personnes de sa famille avaient témoigné à quelques-uns d'entre eux de la mauvaise humeur, il n'en était pas responsable ; si on les croyait coupables, on pouvait porter plainte contre elles. Au fait des assignats enfin, il faisait observer qu'effectivement les « gros » perdaient en ce moment plus que les « petits, » mais qu'il était tout naturel qu'il les donnât aux ecclésiastiques dont les traitements étaient les plus élevés. Décidément, le fruit n'était pas mûr ! et Fr. Ph. Marlet dut attendre encore quelque temps pour le cueillir. Son compère ou comparse Bailly, battu sur ce point, chercha ailleurs une compensation et crut la trouver dans la vérification des livres de caisse de la recette. Cette vérification était de droit, et deux membres du conseil, J. Fr. Vaite et Cl.-Ign.-Fél. Millot, d'Orchamps, en avaient déjà été chargés ; sur la demande du procureur-syndic, on leur adjoignit son homme de confiance, J.-Fr. Grandjoignet.

Vaite et Millot étaient nouveaux au directoire du district, où ils venaient de remplacer Cl.-Fr. Maire, passé au conseil général du département, et J.-B. Clerc, de Reugney, non réélu aux élections partielles, qui avaient eu lieu en septembre. Le premier était un jeune praticien d'Amathay, qui devait se signaler plus tard dans la poursuite des malheureux débris de la *Petite-Vendée*. Millot était un gros propriétaire d'Orchamps-Vennes qui, après des études très complètes, était revenu cultiver ses terres. Il avait épousé chaudement le parti de la révolution violente et ne devait pas tarder à souiller ses cheveux blancs du sang que demandait son idole. Agé de près de soixante ans, il allait justifier une fois de plus l'ardeur que la sagesse des nations prête depuis longtemps aux passions séniles. Les élections administratives de septembre 1791, faites sous la pression morale qu'exerçait déjà une poignée d'agitateurs, avaient donné les résultats qu'on pouvait en attendre. J.-B. Boulet (le père), naguère modeste praticien, nommé membre du conseil général du district après la démission de M. de Vermondans, fut élevé à la présidence, en remplacement de M. Et.-Jos. Gaudion, élu membre du conseil général du département. L'avoué Roy fut récompensé, par un siège au conseil général du district, des bons services qu'il avait rendus aux Jacobins comme procureur de la commune. Il va sans dire que ceux-ci se gardèrent bien de remplacer Bailly, Richardin, Cl.-L.-Ph. Maire et J.-Fr. Grandjacquet. Un nouvel astre, qui s'était élevé à l'horizon révolutionnaire, J.-Ant. Grandjacquet, de Chassagne, reçut un siège au département. On paya de ce siège le zèle dont il ne cessait de faire preuve à l'égard de ses concitoyens trop attachés, suivant lui, aux prêtres insermentés et qu'il avait maintes fois proposé de traiter en parias.

Maître absolu du district, le club jacobin d'Ornans, qui ne comptait encore qu'un petit nombre de membres, s'efforçait de suppléer à leur infériorité numérique par l'exagération de ses actes. Non content de remplir de ses divagations les colonnes de la trop fameuse *Vedette*, ce cercle d'énergumènes faisait imprimer des proclamations. Son *adresse aux fanatiques des campagnes* « où, dit M. J. Sauzay [1], « l'énergie brillait trop aux dépens de la grammaire et du bon sens, » est restée célèbre dans le pays. Tirée à six cents exemplaires, elle fut envoyée dans toutes les communes du district. Bientôt, les jacobins d'Ornans jugent à propos d'associer leurs femmes à leur propagande. Dans le courant de novembre, on lit dans la *Vedette* que « les dames de la ville sont allées déposer au club des couronnes de chêne pour les intrépides et incorruptibles défenseurs de notre liberté. La cérémonie, continue le narrateur, s'est faite avec cette dignité imposante qui ne sied qu'à des âmes libres et à des cœurs généreux. Ces dames, après avoir applaudi à la publicité des assemblées des *Amis de la constitution* et aux services rendus à la patrie, rappelant le courage que les Romaines (nous y voilà !) avaient montré pour la République, ajoutèrent : « Et nous, Messieurs, ré-« solues comme vous de vivre libres ou mourir, nous venons nous « assurer que nous sommes prêtes à partager avec nos époux, nos « enfants et nos frères, les travaux qu'il auront à essuyer *(sic)* et les « dangers qu'ils auront à courir pour la défense de nos lois. » Puis, déposant des couronnes de chêne sur le bureau :

> Rewbel et Pétion, Robespierre et Grégoire,
> Rœderer et Buzot, fameux dans notre histoire,
> Du despotisme affreux furent les destructeurs
> Et de la liberté les plus grands défenseurs.
> Ces héros citoyens, pour la chose publique
> Méritent des Français la couronne civique :
> C'est un devoir sacré, le remplir avec vous
> Est pour nous en ce jour le plaisir le plus doux (2).

Nous sommes fâchés de ne pouvoir rapporter la réponse pleine

(1) *Loc. cit.*, tome XI, p. 126.
(2) En mettant *précurseurs* à la place de *destructeurs* et *oppresseurs* à celle de *défenseurs*, on aurait à la fois la rime et la raison.

de dignité de M. le président, ainsi que les vers prononcés par M^me Bergier, en présentant à la société le buste de Mirabeau couronné de chêne ; il nous suffira de dire que ces dames citoyennes, ainsi que les nombreux spectateurs, ont renouvelé le serment de vivre libre ou mourir. Salut et hommage, s'écrie en finissant le gazetier que l'enthousiasme finit par entraîner lui-même, salut et hommage aux excellentes citoyennes d'Ornans (1) !.... »

Nous avons vu que le district, par une interprétation arbitraire de l'arrêté draconien du 27 août, avait contraint l'abbé Muselier à s'éloigner de sa ville natale. Réfugié à Amondans, près de Fertans, où il avait été précédemment vicaire, le courageux ecclésiastique avait repris l'exercice de ses anciennes fonctions. Le 19 janvier 1792, sur la réquisition de Bailly, le directoire arrêta que le lieutenant de gendarmerie Lefebvre serait chargé de l'expulser, ainsi que deux de ses confrères qui exerçaient le saint ministère dans les paroisses voisines de Malans et de Coulans. Revenus d'une tournée, dans laquelle ils avaient fait buisson creux, les gendarmes apprirent au district qu'arrivés au château d'Amondans, où ils pensaient trouver M. Muselier, ils avaient été reçus par la châtelaine, M^me de Tinseau, qui leur avait fait préparer un bon dîner et leur avait annoncé qu'ils chercheraient inutilement son hôte, parce qu'elle l'avait fait évader. Les gendarmes partis, l'abbé Muselier revint à Amondans, et la municipalité de cette commune prit des mesures en vue d'assurer sa tranquillité. Sous couleur de veiller à la sûreté des particuliers, elle arrêta, le 4 février, que la garde nationale prendrait les armes et ferait patrouille tous les soirs. Ce fut en vain que le district prit un arrêté aux termes duquel la municipalité d'Amondans était sommée de renoncer à ces dispositions défensives et d'expulser l'abbé Muselier : elle ne tint aucun compte de ces injonctions. Le département dut intervenir, ordonna à son tour l'expulsion du proscrit, déclara nul et inconstitutionnel l'arrêté municipal et suspendit de leurs fonctions le maire, un officier municipal et trois des notables de la commune récalcitrante. Rien n'y fit d'abord ; mais la lutte étant, par la suite, devenue impossible, l'abbé Muselier se retira à Coulans, chez son ami l'abbé Simon,

_________

(1) J. Sauzay, *loc. cit.*, tome XI, p. 138 et 139.

pasteur légitime de Malans, et se livra à l'apostolat le plus actif dans les environs (1).

Un décret du 7 mai 1791 interdisait formellement d'opposer le défaut de prestation de serment aux ecclésiastiques qui se présentaient dans les églises paroissiales, les succursales ou les oratoires nationaux, pour y dire la messe. Ce texte, pourtant assez clair, était à chaque instant violé par les administrateurs du Doubs. Dès le 30 juillet suivant et sous le fallacieux prétexte que de véritables rassemblements des non-conformistes avaient eu lieu dans différentes chapelles d'Ornans et d'autres lieux du district, « ce qui pouvait troubler l'ordre public, » ils avaient pris un arrêté portant que ces chapelles seraient fermées et que, dans toutes les communes. les officiers municipaux veilleraient à ce qu'aucun prêtre non assermenté ne célébrât la messe dans les églises et chapelles publiques, sans le consentement du curé de la paroisse, et à d'autres heures que celles qu'il désignerait. Dans les localités où il y avait des églises, mais pas de prêtres résidants, les municipalités recevaient l'ordre de fermer les édifices religieux et d'en conserver les clefs, dont on les rendait responsables. La tristesse de la situation faite aux catholiques par ces prescriptions illégales était, chaque jour, aggravée par les mauvais traitements auxquels ils étaient sans cesse exposés de la part de la populace, dont le concours est toujours assuré au désordre et à la tyrannie. Comment s'étonner dès lors qu'ils aient eu la pensée de s'unir pour leur défense mutuelle, et que cette pensée ait pris corps dans le district d'Ornans, où, plus qu'ailleurs, ils étaient exposés aux insultes et aux sévices de leurs ennemis? La

(1) « Pendant la durée de ce conflit, M. Muselier avait eu plusieurs fois occasion de converser avec les gendarmes envoyés à sa poursuite. » Un jour, « dit-il, leur brigadier m'engagea vivement à rentrer de plein gré à Ornans, « au sein de ma famille, en me disant qu'il aimerait bien mieux assister à ma « messe qu'à celles des jureurs, qui avaient trahi leurs devoirs et violé leur « consigne. Il ajouta qu'il poursuivait à regret les prêtres insermentés, parce « qu'ils valaient mieux que les autres, mais qu'il était obligé, lui aussi, d'o- « béir à ses chefs, en laissant la responsabilité des lois ou des ordres injustes « à ceux qui les imposaient. » (J. Sauzay, *loc. cit.*, tome XI, p. 243).

Souvent, dans notre enfance, nous avons entendu raconter l'histoire de prêtres dits réfractaires ou de simples fidèles sauvés par les gendarmes, qui les faisaient prévenir avant d'aller les arrêter. C'est ainsi que la tyrannie s'entend à entretenir la discipline !

maladresse avec laquelle fut organisée ce qu'on a appelé la *fédération catholique* est certainement le seul reproche qu'on puisse lui
faire.

On a attribué la première idée de cette association à un ancien
missionnaire de Beaupré, l'abbé Viez ; mais c'est bien certainement
à P.-Fr. Goguillot, maire de Flangebouche, qu'il faut la rapporter.
Goguillot était un esprit ardent, mais très mal pondéré, qui ne pouvait que compromettre, par son intervention, une entreprise qui
demandait, pour aboutir, une grande discrétion et beaucoup de mesure. Ses démarches inconsidérées devaient tout compromettre, et
amener au pire le mal auquel il s'agissait de porter remède. Bientôt
tout ce qu'il y avait à Ornans de gobe-mouches fut persuadé que les
fédérés avaient le dessein « de tomber sur le directoire et la ville....
de les incendier, d'en égorger les habitants et surtout les membres
de la Société des *Amis de la constitution.* » Ces derniers n'avaient
pas peu contribué à répandre ce bruit effrayant. Ce fut alors précisément que Goguillot, après avoir recueilli un nombre très considérable
d'adhésions dans la partie montagneuse du district, eut l'imprudence
de venir, en personne, enquêter au chef-lieu. Dans la soirée du
5 mars, on apprit que le maire de Flangebouche avait été vu dans
la ville, en compagnie de l'abbé Pauthier, vicaire de sa paroisse, et
de Fr.-H. Pauthier, juge de paix du canton d'Orchamps, et qu'il s'é-
tait présenté avec eux dans différentes maisons, particulièrement dans
celles des habitants « suspects de fanatisme et d'incivisme, » sans
doute pour y faire signer le pacte fédératif. On disait, d'autre part,
que les non-conformistes annonçaient hautement une contre-révolution et l'exécution prochaine des constitutionnels.

Il fallut, néanmoins, une grande journée aux Jacobins pour préparer une émeute. Ce ne fut, en effet, que le lendemain, et seulement à huit heures du soir, que la populace du Rahoudard et des
Martinets se décida à se soulever. Encore se borna-t-elle à se porter
devant les maisons des catholiques les plus notables et à en briser
les vitres. Les membres du directoire se réunirent avec d'autant plus
de célérité qu'ils étaient dans le secret de la comédie, pour feindre
d'aviser aux moyens de calmer les esprits et d'éviter l'effusion du
sang. Le procureur-syndic vint, avec tout autant d'empressement,
leur apprendre qu'informé de cette émotion populaire, il était allé

droit au rassemblement, au milieu duquel il avait trouvé les officiers municipaux revêtus de leurs écharpes et la gendarmerie. Pour calmer la foule, il lui avait fait part des mesures déjà prises par le district pour parer au danger d'un soulèvement des communes rurales et du départ de commissaires chargés de ce soin. Mais ses exhortations avaient été impuissantes. et il avait laissé le « peuple » en pleine révolte. Avant la chute du rideau, Bailly déclara, pour conclure, que si la persuasion avait échoué, l'emploi de la force n'était pas possible, puisque le district n'avait pas de troupes à sa disposition, et que le seul parti à prendre était d'envoyer, en toute hâte, un courrier au département pour l'instruire de la situation. Enfin, pour que rien ne manquât à la pièce, le lieutenant de gendarmerie vint, en ce moment, de la part de la municipalité, inviter le dictrict à se réunir à elle pour concerter le rétablissement de l'ordre et de la paix. Le directoire se rendit immédiatement à.cet appel. Le lendemain, l'agitation continua à régner dans la ville ; les meneurs n'avaient pas encore atteint leur but. Les officiers municipaux, escortés d'une partie de la garde nationale, se rendirent à la séance du district et annoncèrent aux directeurs que le bruit d'une irruption des habitants des campagnes se répandait de nouveau. Ils firent observer, en même temps, que les armes et les cartouches déposés dans les magasins du district n'étaient pas en sûreté, et qu'il leur paraissait urgent, pour les mettre à l'abri d'un coup de main, de les transporter à l'hôtel de ville. Là, il serait plus facile de les garder et d'en faire la distribution aux *patriotes* en cas d'alerte. Le directoire consentit à ce transport : 13 fusils et 8,813 cartouches restés en dépôt furent livrés aux municipaux. Cette fois, le calme revint : la canaille avait quelques armes de plus et les munitions qu'elle convoitait ! Vraiment, sur la scène de Paris et même en ce moment de tragique mémoire, on n'aurait pas mieux joué !

Le même jour, le département prenait un arrêté contre les prêtres « réfractaires, » auxquels il attribuait, sans l'ombre d'une preuve, tous les désordres qui se produisaient dans le pays et particulièrement dans le district d'Ornans. Il les accusait de profiter de leur ascendant sur les esprits faibles, timorés et peu éclairés, pour leur faire croire que la religion était outragée par la constitution, et les engager à faire tous leurs efforts pour la renverser ; de profiter du temps da carême, où les fidèles se préparent par la pénitence à la rémission de leurs fautes, pour agir plus vivement sur leur esprit ; de faire des réunions qu'ils provoquaient et des conférences secrètes qu'ils avaient entre eux, autant de foyers d'agitation. Il ajoutait qu'il était « de la dernière importance de surveiller ces hypocrites orgueilleux qui, dans tous les temps, ont subjugué les esprits et tyrannisé les consciences sous le masque d'une religion dont ils ne connaissaient pas le véritable esprit. » Autant de mots, autant d'erreurs voulues ! C'était l'élite du clergé de France, l'élite aussi bien au point de vue du savoir qu'au point de vue de la foi et de la vertu, qui avait refusé de suivre dans le schisme « les hypocrites orgueilleux » qui désolaient l'Église depuis un grand siècle et qui allaient la livrer en pâture au naturalisme grossier de leurs misérables alliés ! Ces esprits simples, dont on l'accusait d'abuser, étaient alors, comme aujourd'hui, ces admirables habitants des montagnes, dont l'instruction atteignait déjà à cette époque un niveau auquel la prétentieuse population des villes de la région ne pourra jamais prétendre (1) ! Le département arrêta que la dénonciation mentionnée dans l'arrêté du district d'Ornans du 7 mars serait incontinent renvoyée à l'accusateur public près le tribunal criminel, et que les prêtres réfractaires lui seraient dénoncés comme les premiers auteurs de troubles auxquels ils avaient donné lieu par leur fanatisme et leurs conseils pervers. Le commandant de la 6° division militaire était, en outre, requis d'envoyer à Ornans trois compagnies des volontaires de Rhône-et-Loire, bandits dont nous verrons bientôt les exploits. Cette troupe, qui venait renforcer la petite armée jacobine, créée, le jour même, par le district, devait de plus, et sur la réquisition du moindre municipal, se transporter partout où besoin serait. Enfin, les districts, les municipalités et les procureurs des communes étaient sommés de s'opposer à toute réunion de fidèles en dehors des églises desservies par les prêtres constitutionnels et des heures auxquelles ces prêtres officiaient. Fiers de cet arrêté ou peut-être craignant que le ministre de l'intérieur n'en connût la teneur par autre que par eux, les directeurs du département le lui adressèrent le 15 mars. Roland, qui venait d'entrer au

_____

(1) Dans tous les concours entre les écoles du canton d'Ornans, les élèves de la ville sont toujours battus. Ils ne savent même plus, comme leurs pères de la Révolution, l'histoire romaine et la mythologie !

ministère, leur répondit, le 4 avril, par une leçon que, sans doute, ils n'attendaient guère. Le ministre, en effet, s'il approuvait la mise en accusation des promoteurs de la fédération catholique, déclarait irrégulière la dénonciation générale des prêtres réfractaires.

Aussi n'en fut-il plus question, pour le moment du moins. On se contenta de faire leur procès aux rédacteurs du pacte fédératif, dont les exagérations et la maladresse avaient été blâmées par la grande majorité de leurs coreligionnaires. MM. Goguillot et Amyot, auxquels on joignit, sur la dénonciation de J.-Fr. Grandjacquet, M. J.-B. Garrignot, officier municipal de la Villedieu-lez-Vercel, comparurent successivement devant le jury d'accusation d'Ornans, présidé par son directeur, le juge P.-Ant. Cuenot, et furent renvoyés devant le tribunal criminel du Doubs. Ce tribunal était alors composé du président Nodier, assisté des juges Proudhon, Nycollin et Girardot, empruntés aux tribunaux de Pontarlier, de Quingey et de Besançon. Le 26 juin, sur un verdict affirmatif du jury de jugement, le tribunal acquitta MM. Amyot et Garrignot, et condamna M. Goguillot à un an de prison et trente livres d'amende. Le jury d'accusation et le tribunal criminel avaient opéré de si pitoyable façon, qu'on engagea M. Goguillot à déférer le jugement au tribunal de cassation. Six des plus distingués parmi les hommes de loi qui honoraient alors le barreau de Besançon [1] établirent la nullité de l'acte d'accusation et celle du jugement [2]. Le 15 novembre suivant, le tribunal de cassation présidé par Thouret, sur le rapport de Coffinhal, le futur vice-président du tribunal révolutionnaire, leur donna gain de cause, annulant l'un et l'autre. Accusé de nouveau par le jury d'Ornans et traduit, cette fois, devant le tribunal criminel de la Haute-Saône, M. Goguillot fut acquitté le 18 février 1792. Il avait fait onze mois de prison préventive ! Les Jacobins du Doubs ne pardonnèrent jamais cet acte de justice aux magistrats du département voisin ; ils firent révoquer plus

---

[1] MM. Bailly-Briet, Bassand, Lebaux, Travaillot, Fenouillot et Lombard.

[2] L'acte d'accusation était nul parce qu'il n'avait pas été communiqué au commissaire du roi près le tribunal d'Ornans, ni revêtu de son avis ; le jugement, parce qu'il portait sur un délit qui n'était pas relevé dans l'acte d'accusation. Le tribunal avait de plus fait une fausse application de la loi du 22 juillet 1791, qui n'était relative qu'aux outrages réellement faits, aux troubles réellement apportés à un culte quelconque, tandis que M. Goguillot n'était déclaré convaincu que d'un simple dessein.

tard, par Bassal et Bernard de Saintes, le président Bretet, l'accusateur public Sériot et les assesseurs qui avaient siégé en cette occasion solennelle. Il faut dire que le tribunal criminel de la Haute-Saône, à sa plus grande gloire, a été le plus modéré en France, à l'époque de la grande Terreur ; on n'a à lui reprocher qu'une seule condamnation capitale [1].

Le dernier arrêté du département ne pouvait guère concerner Ornans, où toutes les églises particulières avaient été fermées l'année précédente. L'ingéniosité du procureur-syndic sut y trouver prétexte à de nouvelles persécutions. La chapelle de l'hôpital était restée ouverte, parce que le service en était assuré par un prêtre assermenté, l'ex-capucin Fournier. Cet aumônier d'intrusion ayant été envoyé dans un nouveau poste (la cure de Mouthier), Bailly accusa, le 12 mars, les administrateurs de l'hôpital d'avoir choisi, pour le remplacer, l'abbé Clerc, ancien familier de Saint-Laurent, qui n'avait pas prêté le serment. Il prétendait que ce choix illégal était une cause de trouble dans la ville et qu'il était urgent que le directoire, chargé de la surveillance de cet établissement de charité, se mît en mesure d'y parer. Il proposait enfin de donner l'emploi d'aumônier au sieur Monnier, précédemment chargé de la cure de Flangebouche, que les mauvais procédés de ses paroissiens l'avaient contraint à abandonner. Le district et le département s'empressèrent de lui donner satisfaction. Lorsqu'on signifia au bureau de l'hôpital l'arrêté du département, ses membres protestèrent qu'ils n'avaient pas nommé d'aumônier et que M. Clerc s'était borné à dire la messe dans la chapelle depuis le départ du religieux qui la desservait.

L'abbé Muselier, que nous avons vu se réfugier à Coulans, ne devait pas jouir longtemps de l'asile que lui avait offert la charité d'un confrère. Le 12 avril, sur une dénonciation d'un sieur Ant. Audy, appuyée par le témoignage de deux « patriotes » de la localité, P. Clerc et J.-B. Barbier, le département donna l'ordre au district de Quingey de le faire arrêter, ainsi que son hôte, l'abbé J.-Et. Simon, et un autre prêtre, M. Ménestrier, ancien vicaire d'Éternoz. Le lieutenant Bouvenot, chef de la gendarmerie de Quingey, partit le lendemain,

---

(1) Celle du Père Grégoire (P. J. Cornibert), dont le nom de guerre était le *Citoyen Jacquot.*

à dix heures du soir, à la tête de quatre de ses hommes et de vingt gardes nationaux du chef-lieu, et arriva à Coulans le 14, à trois heures du matin. Il fit immédiatement investir la demeure de la famille Simon et, sans avoir rempli aucune des prescriptions légales, sans avoir attendu le jour, y pénétra. Après avoir visité toutes les chambres, même celles où reposaient les filles de la maison, la troupe découvrit M. Muselier couché dans une chambre haute, où était établi un confessionnal. Dans la grange était un autel couvert d'un marbre et orné d'un crucifix et de quelques images ; un ciel de lit lui servait de baldaquin. Vainement chercha-t-elle M. Simon (1), qui était sorti pendant la nuit pour porter les sacrements dans un village voisin. Pour se venger de ce mécompte, elle accabla d'outrages et de mauvais traitements les habitants de la maison. Il fallut que M. Muselier s'habillât à la hâte et vînt requérir du lieutenant la cessation de ces sévices et l'évacuation du logis. Une visite minutieuse du château, dont les parents de M. Ménestrier étaient fermiers, fut également infructueuse : on n'y découvrit qu'un autel improvisé dans une chambre haute. M. Muselier, conduit à Quingey (2), y arriva à neuf heures du matin, au moment où les constitutionnels se rendaient à la grand'messe ; c'était le jour de Quasimodo. La populace quingeoise se précipita au-devant de l'escorte en criant : A la lanterne ! Le prisonnier fut d'abord conduit devant Masson, membre du district, qui s'écria en le voyant : « Le voilà donc, le perturbateur, « le réfractaire, l'ennemi de la constitution ; nous en ferons justice ! » Surpris, M. Muselier se retourna vers le lieutenant Bouvenot et lui dit : « Ce n'est pas devant un homme que vous m'avez amené, mais « devant un énergumène, un être qui a perdu la raison. Conduisez- « moi en prison, c'est là que je me justifierai. » Le lendemain, les abbés Muselier et Simon réunis furent conduits à Besançon, où, renvoyés du département au district, ils déclarèrent à ce dernier élire

(1) Il fut arrêté sans mandat, le lendemain, par des gardes nationaux de Doulaise et de Lizine, commandés par le sieur Et. Robardet.

(2) « La troupe se mit en route pour Lizine, où les patriotes la fêtèrent en dressant des tables et en servant le vin à flots. Comme l'escorte avait été mise en gaieté par ces libations, un des gardes s'empara du chapeau de M. Muselier et lui mit en échange sa coiffure militaire sur la tête. C'est en cet équipage grotesque qu'ils arrivèrent à Quingey. » (J. Sauzay, *loc. cit.*, tome II, p. 478-479.)

domicile dans la ville et se soumettre aux obligations des prêtres internés.

Depuis l'émeute des 6 et 7 mars, le désordre était en permanence à Ornans. Dans la journée, des gens armés jusqu'aux dents en parcouraient les places et les rues, menaçant les habitants paisibles de meurtre et de pillage. Les jeunes « conformistes » passaient les nuits à boire et à jouer dans les cabarets et se livraient ensuite, en rentrant chez eux, à toutes sortes de désordres. Ils renversaient ces bancs de pierre qui bordaient alors les maisons et dépavaient les rues devant les logis de leurs ennemis religieux. La municipalité prenait arrêté sur arrêté et s'efforçait en vain, ayant peur de les réprimer, de faire cesser ces scènes de violence. Les perturbateurs du repos public avaient de puissants auxiliaires dans les volontaires de Rhône-et-Loire envoyés, à la demande du district, pour contenir les catholiques. La ville en fut délivrée le 26 avril, par un ordre du général de Lamorlière qui les fit rentrer à Besançon. Le conseil municipal, qui aurait dû bénir leur départ, mais qui avait, paraît-il, à cœur toute autre chose que la tranquillité, pria aussitôt le district et les tribunaux de se réunir à lui pour demander leur remplacement. Le département, trompé par des craintes plus feintes que réelles, et prenant en considération les troubles passés et ceux qui pourraient se produire aux prochaines élections ecclésiastiques, arrêta que le commandant de la 6e division serait prié et, au besoin, requis de remplacer cette force.

L'audace et l'insolence des Jacobins d'Ornans croissaient avec les faciles triomphes que la faiblesse ou la complicité des pouvoirs locaux leur permettaient. Dans le courant du mois de mai, feignant de se trouver à l'étroit dans les divers locaux qu'on avait mis à leur disposition, ils résolurent d'imposer leur voisinage aux malheureuses Ursulines qui, depuis la fermeture de leur chapelle et de leurs écoles, vivaient dans la retraite et cherchaient à se faire oublier. Sur la réclamation de ces pauvres filles, le Directoire central invita le district à s'opposer à une réunion d'hommes « dans une maison consacrée à des filles vivant en commun sous la sauvegarde de la loi. » La société des prétendus *Amis de la constitution* avait jeté son dévolu sur une grande salle destinée autrefois à leurs écoles. Cette salle prend jour sur la cour intérieure et plusieurs portes la mettent en communication avec le reste de l'établissement. Pour donner satisfaction à la terrible société, le département lui faisait proposer l'ancienne église des Ursulines, qui lui paraissait beaucoup plus propre à ses réunions. Mais les Jacobins tenaient à la salle des écoles précisément parce que son occupation par eux devait être infiniment désagréable aux Ursulines. A l'instigation de leur président, J.-Fr. Grandjacquet, ils adressèrent au département une requête collective qu'il renvoya sans réponse au district. Puis ils firent agir, sans plus de succès, auprès de lui, les frères et amis de Besançon, auxquels il répondit que, malgré son désir de leur être agréable, il lui était impossible d'accéder à leur vœu. Enfin, ils firent intervenir les députés du Doubs, qui essayèrent à leur tour de l'intimider, mais ils n'y réussirent pas. Le 28 juin, le département leur répondit, avec une noble fermeté, par une fin de non-recevoir et, dès le lendemain, intima à la municipalité l'ordre de respecter ponctuellement son arrêté, nonobstant l'avis contraire des députés du Doubs, « totalement étrangers, disait-il, par leurs fonctions, à un pareil objet et incompétents pour annuler les actes de l'autorité administrative. » Cette fois, les Jacobins n'étaient pas heureux dans leurs entreprises sur les attributions du département. Un avenir prochain leur réservait d'autres tribulations.

L'anarchie qui régnait en France, depuis deux ans surtout, semblait la menacer en ce moment d'une prochaine et irrémédiable dissolution. Aussi commençait-on à voir se concerter entre elles toutes les nations de proie ; les rives du Rhin commençaient à entendre les croassements des corbeaux en attendant les hurlements des loups ; Anglais et Allemands s'apprêtaient à nous envahir. Rétablir l'ordre était un beau prétexte. Il s'agissait en réalité de nous dépecer ! L'inquiétude, qui commençait à gagner les sphères officielles, se trahit dans l'arrêté que prit le corps municipal d'Ornans (9 juillet) à l'occasion du deuxième anniversaire de la fédération (1). On y lit que l'empire étant menacé au dehors et agité au dedans, il y va de son salut que « tous les citoyens se réunissent étroitement et sincèrement, se serrent autour de la constitution ; que tout prétexte de division cesse parmi eux ; que la raison seule soit entendue et fasse taire les préjugés ; que chacun soit laissé libre de faire ce que la loi

(1) Cet anniversaire fut fêté dans les prés de Membouque.

ne défend pas ; que les principes de la fraternité lient tous les Français, et que chacun n'ait en vue que le salut de la patrie et le maintien de la constitution.... » Quelques jours plus tard (le 22), il instituait un comité permanent de surveillance composé d'un officier municipal et d'un notable ; il arrêtait que le maire se concerterait avec le commandant de la garde nationale pour établir un « service de gardes et de patrouilles de jour et de nuit pour le maintien de l'ordre, la sûreté des personnes et des propriétés ; » il ordonnait à tous les citoyens de porter la cocarde nationale « tous les jours sans interruption, même les jours de travail, » sous peine de prison ; il intimait à ceux qui possédaient des armes et des munitions, fussent-ils marchands, d'en faire la déclaration, dans les vingt-quatre heures, au secrétariat de la municipalité, sous peine d'un an de prison pour ceux qui négligeraient de le faire, et de deux ans pour ceux qui feraient une déclaration fausse ; enfin, il prescrivait aux aubergistes et cabaretiers de remettre chaque jour, au secrétariat, une liste des particuliers logés chez eux.

Nonobstant ces discours et ces précautions, les prétendus patriotes, qui tyrannisaient le pays, ne pensèrent pas un instant à adoucir leurs rigueurs et à réunir les Français en vue de l'ennemi commun ; ils n'y pensaient pas plus qu'ils ne voulaient eux-mêmes courir à la frontière. Lorsque, le 29 juillet, le conseil général du district proclama *la patrie en danger* et invita les compagnies de la garde nationale à choisir elles-mêmes, parmi leurs membres, ceux qui méritaient de marcher les premiers à son secours, il se passa une scène honteuse. Non seulement on dut renoncer au concours d'honneur que la législature avait prescrit, mais l'engagement spontané échoua. Un seul garde, le nommé Denis Pêche, se fit inscrire comme volontaire [1]. Cependant, le district n'avait rien négligé pour rendre la

(1) Il ne faudrait pas juger sur cet exemple du patriotisme de la population d'Ornans. L'année précédente, elle avait fourni un nombre fort respectable de recrues à cette armée des volontaires de 1791, qui furent les vrais, on pourrait dire les *seuls volontaires*. Les volontaires forcés ou réquisitionnés de 1792 et du commencement de 1793, volontaires sous peine de mort, et ceux de la levée en masse n'avaient rien de commun avec eux. Le plus illustre des volontaires d'Ornans est le général Oudot, qui s'est distingué, comme chef de bataillon du 12ᵉ léger, au siège de Dantzig en 1807, et qui a été tué, le 30 mars 1814, aux côtés du maréchal Moncey, en défendant la barrière de

convocation aussi solennelle que possible (1). Quoi qu'il en soit, les gardes nationaux témoignèrent que « quoiqu'un grand nombre fût prêt à marcher, ils préféraient la voie du sort, attendu que cette voie atteindrait les non-conformistes comme les conformistes. » En ce moment même, ils ne montraient de sollicitude et de courage que contre les prêtres et les catholiques fidèles ! Le tirage au sort fut fixé au 5 août ; il devait donner lieu à un nouveau scandale. Tandis que les catholiques fidèles, formant l'immense majorité des habitants d'Ornans, se soumettaient sans murmurer à une épreuve qui les exposait à aller se faire tuer pour la défense d'une patrie si cruelle et si injuste pour eux, les gens qui prétendaient la représenter se précautionnaient à l'avance contre une pareille éventualité. Deux membres du district, les sieurs Maire et Roy, mettant à profit les dispositions d'un arrêté du département, consignaient vingt livres la veille du tirage et se faisaient déclarer exempts. « Ainsi, dit M. Sauzay (2), « moyennant une somme de vingt livres...., ces patriotes modèles, « tous deux fondateurs du club d'Ornans, se mettaient à l'abri de « tous les hasards de la guerre qu'ils avaient tant travaillé à attirer « sur leur pays. »

L'assemblée du 29 juillet devait être l'occasion de l'arrestation de trois laïques, les sieurs S. Juret, Et. Roland et J.-Cl. Cassard, et de trois prêtres, MM. de Labretonnière, Cuenot et Poulain. On en voulait surtout à M. de Labretonnière, qui résidait à la Grange-Guyot, sur le territoire du Château. On l'accusait de dire sa messe dans son domicile, d'y attirer les personnes des environs et d'y souffrir des réunions de prêtres réfractaires. Les abbés Cuenot et Poulain étaient accusés également de célébrer chez eux messes et vêpres et de fanatiser les âmes simples. Le lieutenant-colonel Per-

Clichy. Son fils, Fr. Julien Oudot (an XII-1860), professeur de droit civil à la Faculté de Paris, s'est illustré comme jurisconsulte.

(1) Le bataillon de garde nationale de la ville avait été réuni au grand complet sur la place d'armes ; la musique et le drapeau national y réunissaient leur double fascination ; le conseil général du district y était en entier ; enfin, les directeurs Calamard et J. Fr. Grandjacquet y portaient solennellement l'arrêté du département et la lettre du général de Lamorlière, commandant de l'armée du Rhin, qui réclamaient la prompte levée du contingent fixée au sixième des gardes nationaux.

(2) *Loc. cit.*, tome XI, p. 639.

gaud, commandant en chef de la garde nationale, les fit conduire en prison pour avoir contrevenu à l'arrêté du district, en manquant à à la réunion ou en s'y présentant trop tard. Le district aurait voulu qu'on attendît; il en avait déféré au département et attendait son approbation; mais le chef de la garde civique avait passé outre. Le lendemain, jugeant que les prisonniers étaient assez punis par vingt-quatre heures de geôle, il déclara « que, dans l'intérêt de l'union et « de la paix, qu'il importait de maintenir entre les citoyens, le com-« mandant serait invité à élargir les six particuliers, mais seulement « à la fin de journée. » Cela ne faisait pas l'affaire de la canaille jacobine, qui se dédommagea en accablant de mauvais traitements les prêtres relâchés et en les forçant à prendre la fuite. Le département donna l'ordre de les conduire à Besançon le 1ᵉʳ août. Ce jour-là, ils furent escortés comme des criminels, et le major Hébert, commandant en second de la garde nationale, les livra triomphalement au conseil général. Le conseil, après les avoir interrogés, décida qu'ils resteraient à Besançon jusqu'à nouvel ordre, en vertu de l'arrêté du 2 avril. Mais les trois ecclésiastiques protestèrent contre l'illégalité de leur arrestation et demandèrent des juges. Le département, après avoir demandé vainement, à deux reprises, des explications au district d'Ornans, déclara, le 27 août, que leur arrestation avait été illégale, puisque, d'après la loi, ils n'étaient pas tenus d'assister aux réunions de la garde nationale, au contrôle de laquelle ils n'étaient pas inscrits. Il les laissa libres de regagner leur domicile.

# IV.



Ce fut le 13 août 1792 qu'on apprit à Ornans l'insurrection du 10, la prise des Tuileries par la populace des faubourgs, le massacre des défenseurs du roi, sa retraite au sein de l'Assemblée et le décret qui le suspendait de ses fonctions. Inutile de dire que ce décret eut l'entière approbation du district d'Ornans. Il décida qu'il serait proclamé le lendemain matin en présence de toutes les autorités réunies. Le même jour, il arrêta, sur la réquisition du procureur-syndic, que les scellés seraient apposés sur les portes des presbytères de Plaimbois-derrière-Vennes, du Luisans, de Longemaison, de Saules et de Guyans-Durnes, dont les curés et vicaires en chef, encore assermentés, venaient de prendre la fuite en abandonnant leur mobilier. En ce moment, l'absence d'un gouvernement régulier et les craintes qu'elle pouvait justifier, surtout à la campagne, où le défaut de police mettait les gens honnêtes à la merci des gueux de toute sorte, faisaient affluer à Besançon un grand nombre de familles des districts voisins, et particulièrement de ceux de Baume, d'Ornans, de Pontarlier, de Quingey et de Salins. L'arrivée de ces fugitifs fut même dénoncée comme un danger public par les gredins, aussi lâches que pervers, qui rédigeaient la *Vedette*. Revenus de leur frayeur, peut-être sincère (la mauvaise conscience explique tant de choses), les jacobins de Besançon présentèrent au district une requête, signée de leurs dénonciateurs attitrés, qui demandait l'emprisonnement de soixante ecclésiastiques, parmi lesquels se trouvaient MM. P. Jos. Colard-Luc et P. Jos. Muselier, d'Ornans.

Les nombreux décrets rendus par l'Assemblée législative, dans la journée du 14 août, ne devaient pas tarder à donner satisfaction à cette rage de persécutions. Un de ces décrets, devenu loi le 17 août, ordonnait l'évacuation immédiate des couvents abandonnés aux religieux et religieuses restés fidèles à leur vocation. Malgré les vexations qu'on leur avait prodiguées et les dangers auxquels ils avaient été exposés, ces malheureux étaient à peu près aussi nombreux qu'en 1790 : il restait, dans le département, une cinquantaine de religieux et trois cents religieuses ; parmi ces dernières, les Bernardines de Besançon seules s'étaient spontanément dispersées. Les Ursulines d'Ornans étaient bravement restées à leur poste, toujours au nombre de vingt-deux. Dans l'espoir d'obtenir la continuation de la vie commune et conformément à l'avis de leurs directeurs spirituels, elles se résignèrent à se présenter à leurs municipalités d'origine pour prêter un serment dont nous allons bientôt parler. Ce sacrifice ne devait pas leur être compté, bien longtemps du moins. Le 4 septembre, le procureur général-syndic Billot adressait une circulaire aux districts pour presser l'exécution de la loi. Un autre décret du 14 août proscrivait tout ce qu'il pouvait rester de corporations et de confréries religieuses. La confrérie de la Croix et la congrégation des hommes mariés, dont les chapelles étaient déjà fermées au culte public, furent supprimées. Elles furent dépouillées de ce qu'elles avaient encore de biens meubles et immeubles, et leurs chapelles furent mises en vente. La chapelle de la Croix fut achetée par le vicomte de Sagey, avec le secret espoir peut-être de pouvoir la rendre un jour à son ancienne destination ; la suite des événements ne devait pas tarder beaucoup à lui faire perdre cette illusion. Les autres confréries d'Ornans n'avaient plus guère à livrer, à la rapacité révolutionnaire, que leurs poêles mortuaires, leurs bannières et leurs panonceaux.

Un troisième décret, qui porte la même date sinistre, ordonnait de fondre sur-le-champ et de réduire en informes lingots les vases sacrés, les croix, les statues, les reliquaires, les chandeliers, les lampes et tous les objets en métal précieux appartenant aux paroisses. Il condamnait au même sort ceux que possédaient les confréries laïques. Celles-ci les devaient à la générosité et à la piété de leurs membres ; ils représentaient souvent les privations de gens de la plus humble condition. Leur sacrifice faisait une peine profonde, même aux chrétiens abusés qui étaient entrés de bonne foi dans l'Église constitutionnelle. De nos jours, leur valeur artistique eût joint à ces regrets ceux de toutes les personnes de goût et de quelque instruction. Mais les gens les plus lettrés d'alors étaient ceux qui appréciaient le moins les objets d'art, ceux surtout qui appartenaient par leur style aux grandes époques du moyen âge et de la Renaissance, qu'il était de bon ton de mépriser depuis plus d'un siècle. Ils ne mirent aucune entrave à une mesure qui mettait entre les mains du gouvernement révolutionnaire des ressources trop abondantes d'ailleurs pour qu'il ne passât pas outre à tous les mécontentements. Le district d'Ornans recueillit à lui seul, sur son territoire, 55 kilogrammes d'or et d'argent. Il y ajouta plus tard la valeur de 47 kilogrammes que la municipalité du chef-lieu avait vendus pour parer à une des crises alimentaires si fréquentes à cette époque. Ornans perdit alors la magnifique argenterie de son église et le bronze de ses cloches, dont neuf sur douze furent fondues. La loi du 10 septembre mettait ces valeurs à la disposition de l'État.

Le dernier des décrets révolutionnaires du 14 août portait que tout Français, recevant traitement ou pension de l'État, serait censé y avoir renoncé irrévocablement, s'il ne justifiait que, dans la huitaine de la publication de ce décret, il avait prêté devant la municipalité le serment *d'être fidèle à la nation et de maintenir la liberté et l'égalité ou de mourir en les défendant.* L'obligation à ce serment tombait sur le plus grand nombre des ecclésiastiques qui n'avaient pas été astreints à prêter le premier serment, parce qu'ils ne remplissaient aucune fonction publique. Malgré l'avis défavorable des vicaires généraux réfugiés en Suisse et de l'évêque de Lausanne, administrateur du diocèse de Besançon, une cinquantaine de prêtres et de religieux fidèles se décidèrent à prononcer un engagement qui ne touchait en rien à l'orthodoxie. De ce nombre furent plusieurs ecclésiastiques d'Ornans, les abbés de Labretonnière, chanoine de Noyon ; An. Cuenot, chanoine de Saint-Anatoile et aumônier de la Visitation de Salins ; Colard, chapelain à Ornans ; les bernardins Champereux et Richardin, le cordelier Hug.-Jos. Trouillet et le minime J.-Fr.-Laur. Chavassieux. Cet engagement ne mit aucun d'eux à l'abri de la persécution. Comment échapper, en effet, à cette disposition abominable d'une loi qui allait bientôt suivre, qu'il suffisait que l'éloignement d'un prêtre insermenté fût demandé par un minimum de six de ses concitoyens domiciliés dans le département, pour être de droit? Le district d'Ornans et le département essayèrent de soustraire l'État à une des conséquences du serment de M. de Labretonnière, le maintien de ses pensions. Cet ecclésiastique, ancien officier de cavalerie et chevalier de Saint-Louis, dut adresser au pouvoir exécutif une réclamation contre ces autorités tyranniques. Le ministère y fit droit, et Garat écrivit au département qu'il ne voyait aucune raison pour le priver de ses pensions.

Nous avons fait allusion plus haut à la funeste loi du 26 août 1792. Cette loi condamnait à la déportation tous les prêtres qui n'avaient prêté ni le serment de fidélité à la constitution, ni le serment dit de liberté et d'égalité. Elle ne faisait d'exception qu'en faveur des ecclésiastiques auxquels leur âge ou leurs infirmités ne permettaient pas de se rendre au lieu de la déportation. Cette déportation, qui était en réalité un exil à l'intérieur, un internement, était remplacée pour eux par la réclusion. Nous avons vu déjà comment les rédacteurs de cette loi d'iniquité avaient trouvé moyen d'augmenter le nombre déjà considérable de ces malheureux par une disposition abominable. La loi de déportation du 26 août fut appliquée immédiatement à MM. P.-Jos. Colard-Luc, J.-B. Cuenot, Et.-Fr. Cuenot, P.-Jos. Muselier, P.-Fr. Tombal et Jac.-Jos. Trouillet, qui avaient refusé de prêter le serment dans sa nouvelle forme comme dans la première. Le vénérable curé d'Ornans, que son grand âge (il avait soixante-dix-neuf ans) et ses infirmités avaient fait provisoirement consigner en sa demeure, entra en réclusion le 20 janvier 1793 (1). Il y fut rejoint,

_______________

(1) C'est alors que des « amis timides enlevèrent de son cabinet tous ses manuscrits et les jetèrent au feu dans la crainte que, s'ils tombaient dans les mains des révolutionnaires, on n'y trouvât des motifs pour traduire l'auteur devant les tribunaux. Devenu libre, il eut à regretter les travaux de sa vie entière et sa bibliothèque qu'un zèle aveugle n'avait pas épargnée. » (Ch. Weiss, in Biogr. univ. de Michaud.) Les amis de M. Trouillet ne furent peut-être pas aussi malavisés que le pensait son éminent biographe. Les manuscrits détruits n'établissaient-ils pas un crime irrémissible pour les classiques de la Révolution? Le savant curé s'était complu dans l'étude des siècles de barbarie!

le 22 mai, par le familier J.-Cl. Belin, âgé de soixante-cinq ans, long-temps retenu à Ornans par sa mauvaise santé. De septembre 1792 à janvier 1793, des dénonciations personnelles devaient faire déporter les familiers Clerc, Laloue, Poulain et Roy, les minimes Colard et Etevenon (frère lai), les bernardins Champereux et Richardin et l'antonin Richardin, frère de ce dernier. On y joignait bientôt l'abbé de Labretonnière, qu'on s'était contenté d'abord de consigner chez lui. Les familiers Belin et Cardey, le bernardin Champereux, le cordelier Trouillet et le minime Chavassieux furent mis en réclusion. Il faut joindre à ces victimes de la loi du 26 août les prêtres originaires d'Ornans en fonctions hors du département, MM. J. Colard, Ant. et P.-Fr. Cuenot, Dupuy, Martel, Sanderet de Valonne et M. Jos.-Jud.-Fr.-X. de Sagey, chanoine et vicaire général du Mans, qui avait émigré. Dans le courant du mois d'avril 1793, une recrudescence de fureur jacobine amena au séminaire de Besançon, choisi comme lieu de réclusion, le cordelier Trouillet, frère du curé, âgé de soixante-seize ans, et le familier Cardey, âgé de soixante-cinq ans, qui étaient con-signés à Ornans et à Besançon. Au mois de décembre suivant, le district de Besançon, recherchant les abbés An. et P.-Fr. Cuenot, qui avaient rompu leur ban, apprit qu'ils avaient passé en Suisse.

Le plus grand nombre des dénonciations qui furent suivies de la déportation ou de la réclusion des prêtres du Doubs, doivent être attribuées aux membres de l'assemblée électorale réunie à Quingey, le 7 septembre 1792, dans le but d'y dresser de véritables listes de proscription. Les électeurs, qui en firent partie, avaient pour mandat exprès d'indiquer les ecclésiastiques de leurs cantons, dont la pré-sence était dangereuse pour le pays. Le canton d'Ornans y était représenté par le praticien Vaite, deux cultivateurs, Cl.-Ét. Teste dit *Casse-bancs*, que nous connaissons déjà, et J.-Ét. Colard, maire d'Or-nans, dont une basse jalousie de toute supériorité devait faire bien-tôt des terroristes, le maçon D.-L. Bon, le vicaire jureur Jeûne et un cultivateur, P.-Jos. Étevenon, pour lequel la délation allait devenir une monomanie. Ces tristes personnages, dont un seul, Vaite, avait quelque instruction, confessaient eux-mêmes qu'ils ne représentaient nullement la majorité de la population de leur canton et que les trois quarts des habitants étaient restés fidèles au clergé insermenté. Ils n'hésitèrent pas, cependant, à dresser une liste de vingt noms. Quatre ans après, d'après M. Sauzay (1), il fut prouvé que cette liste était l'œuvre personnelle de P.-Jos. Étevenon et qu'il avait signé pour les autres électeurs. Nous craignons fort qu'en cette circonstance, Étevenon n'ait servi de bouc émissaire à des gens qui n'avaient pas protesté jusqu'alors contre l'abus qu'il était accusé d'avoir fait de leur nom. En 1796, Vaite, Cl.-Ét. Teste et J.-Ét. Colard étaient encore des puissances à Ornans.

La persécution ne devait pas s'arrêter aux prêtres fidèles ; elle s'étendit bientôt à tous ceux de leurs concitoyens qui leur paraissaient favorables. Les premières victimes furent des fonctionnaires, MM. Chavassieux, receveur des finances, et Muselier, avoué et directeur de la poste aux lettres. Le premier était le frère d'un prêtre déporté, le second, le père d'un émigré ; leur crime n'était pas douteux ! Bailly requit leur destitution. Cependant, le district hésita à l'admettre, il fit part de ses scrupules au département. Celui-ci, imitant Ponce-Pilate à son tour, décida, le 13 septembre, que la destitution de M. Chavassieux était de la compétence du conseil général du district, dont il était le préposé, et que les plaintes formulées contre M. Muselier seraient transmises à la direction générale des postes. M. Chavassieux était condamné à l'avance, et son successeur était tout prêt. Le 16 septembre, le notaire Marlet, procureur de la commune d'Ornans, qui, nous le savons, convoitait depuis longtemps sa situation, en fut pourvu et donna, pour cautionnement, au conseil général, les biens de deux de ses frères, Cl.-Et. et J.-Cl., vicaires épiscopaux de la Haute-Saône et du Jura. M. Muselier fut destitué, quelque temps après, par l'administration des postes.

Mais de pareilles mesures ne pouvaient satisfaire que les patriotes avisés, dont le zèle était récompensé par les dépouilles des victimes. Il fallait aux passions de la foule une autre satisfaction. Les jacobins la demandèrent pour elle et réclamèrent, au nom du peuple, la détention de tous les habitants que leur fidélité à l'ancienne foi avait rendus odieux à ces sectaires et à leurs dupes. Le district, auquel une semblable prescription paraît avoir répugné, n'eut cependant pas le courage de la refuser carrément et se déchargea sur le conseil général de la commune du soin d'en établir la liste. Celui-ci, entraîné

---

(1) *Loc. cit.*, t. III, p. 87.

par le maire Colard et le procureur Marlet, n'hésita pas à assumer une aussi triste responsabilité. Le 9 septembre, il décidait que les personnes jugées par lui suspectes et dangereuses seraient réunies et gardées dans un lieu convenable, tant que dureraient les dangers de la patrie. Dans les jours qui suivirent, tout ce que la ville comptait de gens estimables, même parmi les constitutionnels, prenait, de lui-même ou contraint, le chemin des dépendances de la chapelle de la Croix. Parmi ces premières victimes du régime de terreur dans lequel on venait d'entrer, se trouvaient MM. Bonnefoy père et fils, notaire et avocat; Cagnon, chirurgien ; Chavassieux fils ; Colard-Luc, cultivateur; Cuenot, cordonnier; Didier, sculpteur; Laloue, cultivateur; Muselier, avoué ; Trouillet, avocat ; Vertel, huissier ; et Vuillemus, cultivateur, qui allaient être dorénavant à la merci de tous les caprices de la foule déchaînée, bien que l'hypocrite arrêté de la commune les mît sous la protection des lois et la sauvegarde des citoyens [1]. On avait aussi enfermé aux Ursulines un certain nombre de femmes.

La municipalité n'avait pas craint d'incarcérer le vice-président du district, Richardin, les juges Coste et Gaudion et le greffier Tournier, du tribunal civil. Les trois premiers étaient depuis longtemps accusés de modérantisme, M. Coste surtout, auquel Bailly reprochait l'indulgence dont il usait, comme accusateur public, à l'égard des ecclésiastiques insermentés. On ne pouvait reprocher à M. Tournier « que son silencieux attachement à la foi catholique. Cet homme de bien avait un fils qu'un élan de patriotisme avait fait enrôler dans les volontaires. Élevé bientôt par son mérite au rang de capitaine, ce jeune officier se trouvait au camp de Wissembourg, en face de l'ennemi, lorsqu'il apprit l'inique arrestation de son père. Il adressa aussitôt au district une lettre indignée pour se plaindre de cet attentat. Rappelant d'un côté la caducité du vieillard, son caractère aussi doux qu'obligeant, ses pacifiques vertus, et, de l'autre, tout ce qu'il avait déjà enduré lui-même de fatigues et de dangers pour la république : « Quoi ! s'écriait-il avec l'éloquence du cœur, au lieu de protéger mon « père et ma mère pendant mon absence, c'est ainsi qu'on les persé-

---

(1) MM. Bonnefoy fils et Trouillet, qui étaient avocats, Bonnefoy père et Muselier, qui étaient avoués, et Vertel, qui était huissier, furent en même temps exclus de leur profession.

« cute [1] ! » Le département s'émut d'un emprisonnement qui interrompait à Ornans le cours de la justice et délégua à deux de ses membres, Renaut et Lambert, la mission d'y faire une descente de lieu et de voir s'il ne serait pas possible d'élargir au moins les magistrats du tribunal. Confier cette mission à de pareils hommes, c'était vouloir en sacrifier le résultat ! Le 15 septembre, après en avoir conféré avec les autorités locales, réunies en assemblée plénière, les délégués décidèrent que MM. Coste, Gaudion et Tournier resteraient en prison et que M. Richardin serait élargi, mais mis en surveillance. Ils décidèrent aussi que les femmes détenues aux Ursulines seraient successivement mises en liberté, et chargèrent le conseil municipal de proportionner la durée de leur détention respective au besoin que leurs familles auraient d'elles et au degré de correction qu'elles auraient mérité.

En ce moment, les élections à la Convention se faisaient sous l'impression du désordre et de la terreur. Jamais la France ne s'était trouvée dans des circonstances plus terribles. L'ennemi héréditaire avait envahi une partie de son territoire, la famine menaçait la capitale et les provinces, et le gouvernement était aux mains des assassins. Les choix se ressentirent de cette affreuse situation : la nouvelle assemblée, composée de près de huit cents membres, avait une majorité de démocrates à tous crins et de républicains exaltés mêlés à beaucoup de gens qui témoignaient de plus de prudence personnelle que de courage civil. On pouvait ranger parmi ces derniers tous les membres de la représentation du Doubs, et plus particulièrement Michaud, Monnot, Vernerey et Besson [2]. La Convention, sous l'empire de la nécessité, il faut le dire, n'hésita pas à s'emparer de la double puissance législative et exécutive, en attendant qu'elle usurpât le pouvoir judiciaire. Elle concentra en elle seule toute la force publique, déterminée à exercer jusqu'au bout la dictature dont les circonstances l'avaient investie. Ce fut le 21 septembre qu'elle se réunit pour la première fois sous la présidence de Pétion. Son premier acte annonça la mission qu'elle allait accomplir : elle décréta l'abolition de la monarchie française et l'établissement de la république.

---

(1) J. Sauzay, *loc. cit.*, t. III, p. 109.
(2) Les deux autres étaient l'évêque Seguin et l'avocat Quirot aîné.

Les jacobins avaient si bien atteint le but qu'ils paraissent avoir poursuivi de rendre odieux à la foule la religion catholique et ses ministres, que, vers la fin de l'année 1792, ils ne supportaient même plus la vue des costumes ecclésiastiques et religieux. La prudence interdit leur usage longtemps avant la législation. L'odieuse *Vedette* de Besançon faisait campagne, dans notre région, pour qu'on défendît aux prêtres le port des vêtements noirs, quelle que fût leur forme. Ils rappelaient trop, à l'apostat et aux drôles qui la rédigeaient, la dignité et la gravité de l'état ecclésiastique. On lit dans le numéro du 6 novembre 1792 : « Croiriez-vous que les prêtres, les ursulines et « autres, d'Ornans, sont encore enjaquetés ? Quel idiotisme ! Quelques « personnes ont l'air de se scandaliser de voir *nos prêtres* de Besan- « çon sous des habits et des gilets de diverses couleurs. On voudrait « interdire à des hommes sensés le droit de s'habiller à leur fantaisie ! « D'ailleurs, la loi qui interdit tout costume particulier serait illu- « soire, si on laissait aux prêtres une couleur privilégiée, ce serait « un signe de ralliement pour les malintentionnés. » Comme tous les articles de cette feuille immonde, on voit que celui-là se terminait par une dénonciation en règle.

Pendant ce temps, un des vicaires intrus d'Ornans, l'ex-minime Jeûne, avait revêtu un habit qui lui plaisait infiniment moins que les riants costumes préconisés par la *Vedette*, dont il était un lecteur et un correspondant assidu. Comme plusieurs de ses confrères schismatiques, il était tombé au sort et avait pris, avec la dernière levée de 1792, le chemin de l'Allemagne. En vain, dans le courant de décembre, la commune d'Ornans et le département avaient-ils réclamé à ses chefs ce coryphée de la révolution locale : il resta à l'armée du Rhin. Deux mois plus tard, en qualité de secrétaire du club de Porrentruy, dont il était un membre fondateur, le lieutenant Jeûne correspondait avec les frères et amis d'Ornans. Aussi mauvais militaire qu'il avait été mauvais prêtre, il dénonçait dans ses lettres le général Démars, commandant les troupes de la République dans la Rauracie. C'était ainsi qu'on appelait alors l'ancien évêché de Bâle. Il l'accusait de *fayettisme*, et ne craignait pas d'affirmer que les fanatiques du pays de Porrentruy comptaient sur sa perfidie et sa trahison pour être délivrés à la fois de la domination étrangère et de la persécution religieuse. Le fait est que les habitants de ce petit pays désiraient sa réunion à la France, qu'ils ont servie fidèlement pendant vint-deux ans et à laquelle ils ont tenté de revenir en 1830. Cependant, les procédés des volontaires de 92 n'étaient pas plus aimables que ceux des Bernois de 1815.

Ils n'avaient pas les yeux tournés du côté des frontières les misérables qui poursuivaient cette odieuse politique ! une nouvelle curée de biens nationaux était leur unique préoccupation, et ils ne pensaient qu'à la préparer par la délation et les proscriptions qui devaient s'ensuivre. Ces biens avaient déjà donné lieu, à Ornans principalement, à des spéculations honteuses. On vit bientôt s'y joindre le vol impudent des effets, des meubles et des valeurs séquestrés des émigrés. Les jacobins du département, plus puritains que ceux du district et de la commune, avaient fini par s'en émouvoir et, dans un placard affiché le 21 décembre, avaient flétri la dilapidation de ces objets par les administrations inférieures et leurs agents. Le district d'Ornans, qui se savait suspect, s'en montra fort courroucé et, sur la demande de son procureur-syndic, crut devoir y répondre : « Nous « ne pouvons vous témoigner assez notre mécontentement. Suivant « les termes de votre arrêté, les commissaires des districts et les per- « sonnes qu'ils ont employées, soit à la garde, soit à la vente des « effets des émigrés, se sont livrés à toute espèce d'abus de pouvoir, « ont commis une foule de délits contraires aux droits de la nation, « et c'est ce tableau affreux que vous rendez public par la voie de « l'impression et de l'affiche. Sur de prétendues plaintes, on enlève « aux corps constitués ce qu'ils ont de plus cher, l'honneur et la con- « fiance publique ! Ou nous sommes accusés, ou non ; si nous le « sommes, vous deviez nous poursuivre ; si non, votre arrêté devait « nous excepter. »

Ces belles phrases n'empêchèrent pas le département, à quelques jours de là, de prendre à partie la municipalité d'Ornans et de lui demander des explications, au sujet d'une différence considérable trouvée entre l'inventaire de l'argenterie de son église en 1790 et celui qui venait d'être fait en exécution de la loi du 10 septembre 1792. La municipalité qui, nous le savons déjà, avait disposé d'une partie de cette argenterie, voulut, en cette circonstance critique, payer d'audace. Elle répondit insolemment que le département n'avait pas à s'occuper de l'argenterie qui pouvait exister en 1790, mais seulement de celle qui existait au 10 septembre 1792 ; qu'à cette dernière époque, elle avait fait un inventaire exact et fidèle de tout ce qui restait d'objets en or ou en argent dans l'église et l'avait transmis au département ; que, jusqu'à la loi du 10 septembre, qui attribuait à l'État l'argenterie superflue des églises, les communes étaient incontestablement propriétaires du mobilier de leurs églises, et que celle d'Ornans avait pu, sans contrevenir à aucune loi, disposer alors de tout ce qui lui aurait paru inutile. Le département ne se laissa point payer de cette monnaie et fit procéder à des recherches. L'appât des richesses que la loi contre les émigrés et celle du 10 septembre allaient faire mettre aux enchères avait attiré dans notre pays une nuée de juifs de l'Allemagne et de la Suisse, qui devaient finir par se fixer à Besançon. De ce nombre étaient les frères Hauser, qui avaient élu domicile dans un bouge de la rue de Battant. Dangel, un des membres du département, commis par lui à cet effet, avait, en les interrogeant, acquis l'assurance que ces étrangers avaient acheté l'argenterie volée. Ils avaient, en effet, pris part à Ornans, dans le courant de septembre, à la vente aux enchères de lingots d'or et d'argent qu'on disait en provenir. Il ne s'agissait plus maintenant que de savoir à quelle date précise avait eu lieu cette vente, et la municipalité coupable fut mise en demeure de le dire catégoriquement.

Les municipaux d'Ornans, ainsi mis au pied du mur, répondirent par l'envoi de deux pièces. C'étaient une délibération du conseil général de la commune, en date du 3 mars 1792, arrêtant qu'il serait vendu six chandeliers, trois lampes et deux croix en argent, pour en être le prix consacré à l'acquittement de dettes communales ; et un rapport du 5 juin, constatant que la fonte de ces objets avait produit 188 marcs et demi ou une valeur de 11,700 livres monétaires. Cette réponse ne suffit pas en haut lieu, et le département décida, le 7 février 1793, que son vice-président Ravier se rendrait à Ornans pour procéder à l'examen des registres de la municipalité et voir si les pièces produites par elle n'y avaient pas été introduites après coup. Arrivé à Ornans, le délégué demanda communication du procès-verbal des enchères ; il fut impossible de le retrouver. Le maire prétendit alors que la vente, faite longtemps auparavant, avait été verbale et que la livraison des lingots avait été ajournée à l'époque où les frères Hauser auraient réuni les fonds nécessaires au paiement.

Quoi qu'il en fût, on ne trouvait de traces positives de cette vente qu'à partir du mois de novembre. De plus, le 27 décembre, la municipalité avait affecté la somme de 11,700 livres à des achats de grains pour venir en aide aux malheureux. La preuve de la distraction et celle de sa date postérieure au 10 septembre était faite ; le département n'hésita pas, en conséquence, à condamner la commune d'Ornans à verser 11,700 livres dans les caisses de l'État [1].

(1) V. J. Sauzay, *loc. cit.*, t. III, p. 595-597.

V.

La quatrième année de la période révolutionnaire est la plus dra-
matique de son histoire; elle devait commencer par un crime et finir
au bruit de la hache et du canon. Le 15 janvier 1793, la Convention
déclarait Louis XVI coupable de conspiration contre la liberté publique
et refusait de soumettre son verdict à la ratification populaire. Le 17,
elle prononçait, à la majorité de cinq voix seulement, la peine de
mort. L'appel nominal des députés avait duré trente-six heures.
Parmi ceux qui votèrent la mort était le député d'Ornans, l'odieux
Besson. Comme Marat, Robespierre et Saint-Just, il voulut exposer
à la tribune les motifs de son vote; mais il le fit avec moins d'éloquence sauvage et sans doute moins de conviction. « Toute raison
d'État, dit-il, me paraît inutile, même dangereuse; nos armées
seules peuvent en imposer à nos ennemis extérieurs, et notre fermeté à ceux du dedans. La loi et la politique condamnent Louis à
la mort; je vote pour la mort (1). » Le district d'Ornans le félicita

(1) Parmi ses collègues du Doubs, trois, Michaud, Monnot et Vernerey, votèrent aussi la mort; Seguin et Quirot optèrent pour le bannissement. Michaud réclama la mort sans appel ni sursis. Monnot vota en ces termes :
« Louis, conspirateur, a mérité la peine de mort; et comme il est évident

en des termes que l'on ne saurait trop flétrir : « Vous devez être actuellement bien satisfait ; vous avez enlevé un tyran à la nation et détruit la racine de la trahison. Vos concitoyens républicains vous en félicitent. La Convention ne doit pas borner sa vigilance au dehors ; nous craignons qu'une grande partie des peuples de nos contrées ne se rangent sous l'étendard ennemi. Il faut donc des moyens de l'empêcher de s'unir : *Hic opus, hic labor.* Ce travail est digne des représentants d'un grand peuple et nous vous prions de vous en occuper. » Le district était plus enthousiaste que le département, qui n'avait pas cru devoir s'associer aux félicitations qu'on envoyait aux députés régicides. Les députés du Doubs lui en firent sans doute des reproches et, le 12 février, il s'exécuta avec une répugnance visible, en ajoutant irrévérencieusement : « Cette mort n'étant que celle d'un individu, cessez donc de remplir vos bulletins des adresses de félicitations que vous font les départements, les districts et les municipalités. Cet événement est-il fait pour occuper si longtemps un peuple libre (1) ? »

La mort de Louis XVI fut annoncée à Ornans par un factum odieux de la commune intitulé : « Proclamation relative à la mort de Louis Capet, » que nous croyons devoir reproduire en entier. « La mort de Louis XVI, dernier roi des Français, réduit les ennemis de la chose publique au désespoir ; la rage d'avoir perdu ce chef les fait porter aux plus grands excès. Déjà un représentant du peuple a succombé sous leurs coups ; les décrets de la Convention, qui nous sont transmis par la voie des papiers publics, nous instruisent de cet horrible attentat ! Il est à craindre, citoyens, que les malveillants, n'ayant pu réussir dans leurs complots, ne se répandent sur la surface de la République et n'y fassent éprouver les tristes effets de leur vengeance ; c'est pour nous en prévenir que la Convention nationale a décrété que l'assassinat de e Pelletier de Saint-Fargeau, l'un de ses membres, serait dénoncé aux quatre-vingt-quatre départements, que l'adresse qui serait envoyée à cet

pour moi que les prétendants ont toujours eu plus d'obstacles à surmonter que ceux qui sont en titre, je pense que l'intérêt du peuple est ici d'accord avec la justice, et, en conséquence, je vote pour la peine de mort. Point de sursis. »

(1) J. Sauzay, *loc. cit.*, t. III, p. 581.

effet, en invitant tous les citoyens à la paix, rappellerait aussi les autorités constituées à la plus grande surveillance. Citoyens, si la tranquillité publique est menacée dans ces circonstances, nous devons nous tenir sur nos gardes, portant un œil actif et vigilant sur toutes les personnes qui peuvent être suspectes ; suivons-les dans toutes leurs démarches, prenons à leur égard cette attitude fière et imposante qui convient si bien à des hommes libres. C'est à notre vigilance que nous sommes redevables d'avoir déjoué tant de fois leurs complots ; ne perdons pas courage, persistons dans une activité aussi salutaire jusqu'au dernier terme. Nous pouvons vous l'annoncer avec confiance, les grands coups sont donnés, les choses s'avancent, et le temps n'est pas loin où tout espoir finira pour nos ennemis. La nouvelle constitution, qui avait été retardée par la mort du tyran, va être décrétée. En établissant notre liberté sur des bases inébranlables, elle consolidera pour toujours notre repos et notre bonheur. »

Cependant, jamais la France ne s'était trouvée exposée à de si grands périls. Le supplice de Louis XVI avait augmenté le nombre de ses ennemis : aux Prussiens, aux Autrichiens et aux Piémontais étaient venus se joindre les Espagnols, les Italiens, les Hollandais et les Anglais. Dumouriez, après quelques succès remportés en Belgique, venait d'être vaincu à Neerwinden. Le député Lacroix, au retour d'une mission dans ce pays, faisait, le 8 mars, à la tribune de la Convention, un tableau très alarmant de la situation de nos armées. « Les jeunes soldats, disait-il, que les décrets de recrutement auraient dû y amener en foule, n'arrivaient que très lentement et en petit nombre ; les officiers quittaient leurs postes sans congé, de sorte que la faiblesse ou l'incapacité de l'ennemi avait seule préservé jusqu'à ce jour d'un désastre imminent des troupes sans ordre, sans direction et sans consistance. » Justement effrayée, l'assemblée arrêta, sur la proposition de Barrère, « que des représentants se rendraient, en qualité de commissaires, dans tous les départements pour instruire les citoyens des nouveaux dangers de la patrie.... » Des pouvoirs illimités furent donnés à ces commissaires pour leur permettre de prendre, dans l'intérêt public, « telles mesures qui leur paraîtraient nécessaires. »

Michaud, du Doubs, et Siblot, de la Haute-Saône, furent chargés de parcourir ensemble les deux départements qu'ils représentaient. Les deux commissaires arrivèrent à Ornans le 19 avril. Là, ils apprirent des administrateurs du district (1) que l'esprit public y était très partagé à raison du fanatisme qui infectait une partie des campagnes ; qu'il y avait des sociétés populaires à Ornans, à Vuillafans, à Lods, à Mouthier, à Chantrans, à Vernierfontaine, à Vercel, mais qu'il se trouvait, dans la plupart d'entre elles, des ignorants poussés par un zèle outré ou égaré, qui en éloignaient les personnes les plus propres à y répandre le véritable esprit public ; que les assignats y étaient réduits à la moitié de leur valeur ; que le désarmement des suspects y avait été incomplet et que plusieurs avaient caché leurs armes et devaient être punis ; que le recrutement s'y était bien opéré et que cinq jeunes gens seulement s'y étaient soustraits par la fuite ; qu'il y avait des communications et des correspondances avec les émigrés et les prêtres fanatiques qui faisaient beaucoup de mal, mais qu'elles pouvaient être empêchées par l'arrestation des personnes soupçonnées d'y prendre part et la soustraction des lettres qui leur étaient adressées, et que les districts devraient être autorisés à prendre ces mesures. Le lendemain, à l'issue d'une nouvelle conférence, Michaud et Siblot suspendirent de leurs fonctions MM. P. Falque, de Vuillafans, membre du district ; Cl.-Fr. Richardin, officier municipal d'Ornans ; P. Cretin, maire d'Épenouse ; J.-Fr. Laurent, ancien notaire, maire de Fertans ; J.-Augustin Jeannerot, officier municipal de Grandfontaine-sur-Creuse ; P.-Ét. Barrand, maire de Longemaison, et Fr.-X. Brullot, de Loray, garde-marteau des eaux et forêts. Ils étaient tous accusés « de n'avoir pas cessé de donner des marques d'incivisme, de fréquenter des personnes suspectes, de correspondre avec les prêtres déportés et de favoriser leur correspondance avec les habitants de leurs communes. » M. Falque

(1) Voici quelle était, à cette époque, la composition du district : *Président :* Hug. Ferd. Roussel, ex-oratorien, curé constitutionnel du Valdahon. — *Procureur-syndic :* Bailly, ex-avocat du roi (réélu). — *Directoire :* J.-Fr. Grandjacquet, négociant, vice-président ; et J.-Fr. Vaite (réélus) ; Félix-Ambroise Bourdenet, du Luisans, commis du district ; Jos.-Bern. Boulet fils, praticien. — *Secrétaire :* Maire (réélu). — *Conseil général :* Cl.-Ign.-Félix Millot, juge (réélu) ; Théodule Regnaud, marchand à Lods ; P. Falque, rentier à Vuillafans ; André Guillaume, de Fallerans ; Cl.-Fr. Guyon-Vernier, médecin ; Jac. Gouyot fils ; Maire, homme de loi, à Ornans.

réclama contre cet arrêté et obtint, six jours après, d'être réintégré dans ses fonctions.

Les deux commissaires avaient interrogé aussi la municipalité sur la situation particulière de la commune, et elle avait répondu que cette situation ne présentait aucun danger (1). Pourtant, il n'y avait que quelques jours, on y avait incarcéré douze personnes suspectes de regrets pour l'ancien régime. Le 8 avril, le conseil général de la commune, d'accord avec le district, avait fait enfermer, dans la chapelle des Ursulines, MM. Bonnefoy père et fils ; Laloue, fils de Cl.-Ét.; Alexis Didier, menuisier ; Trouillet, ancien homme de loi ; Laurent Chavassieux ; Muselier, ancien avoué ; Vertel, ancien huissier ; Jos. Cagnon ; L. Colard-Luc ; P.-Ant. Vuillemus et Cl.-Ant. Cuenot, cordonnier (2). Les arrestations avaient été opérées par les officiers municipaux eux-mêmes à la tête d'un détachement de la garde nationale. Les deux autorités réunies avaient décidé que « *la patrie se trouvait dans une de ces circonstances où, pour sauver la chose publique, il est absolument nécessaire de jeter, pour un instant, un voile sur la loi.* » Elles avaient arrêté, en conséquence, qu'on mettrait la main sur toutes les personnes suspectes d'incivisme ; que chacun des membres de l'assemblée plénière dresserait à son gré une liste de ces personnes, et que la réunion des listes particulières servirait à former une liste générale et définitive. Cette liste se trouva composée de cinquante et un noms ; mais c'étaient trop de gens à jeter à la fois en prison : on avait dû se contenter d'un bien plus petit nombre. La société des *Amis de la liberté et de l'égalité*, pour laquelle cette première fournée de suspects était insignifiante, présenta, le 6 mai, à la municipalité, une seconde liste qui comprenait MM. J.-Ét. Colard, tanneur ; J.-B. Chavassieux, ancien receveur des finances ; Fr.-Alexis Cagnon, chirurgien ; P.-Fr.

(1) La municipalité avait déclaré qu'on ne comptait à Ornans « que deux ex-nobles, âgés de soixante-dix ans, très tranquilles, et dont les regrets pour l'ancien régime, s'ils en avaient, restaient complètement renfermés dans leur cœur ; qu'on y comptait en outre soixante ou soixante-dix familles fanatiques, mais généralement très soumises aux lois, et ne s'occupant que de leurs affaires domestiques. »

(2) La veille, on avait incarcéré à Besançon MM. Sanderet de Valonne père, « aristocrate connu, » et Sanderet de Valonne fils, ancien conseiller au parlement, « aristocrate dangereux. »

Dubiez-Collot ; André Didier, menuisier ; J.-Cl. Martel, cultivateur ; L. Cuenot ; J.-Ét. Muselier fils ; Cl.-Ét. Champereux, prêtre ; Ant. Richardin, prêtre ; Math. Oudot, vigneron ; Ch.-Éd. de Labretonnière, prêtre. Quelques jours après, on y ajouta M. J.-Cl. Cuenot-Nonot. Les prisonniers ne pouvaient qu'exceptionnellement communiquer avec leurs familles. Le 9 mai, le district arrêta qu'ils ne pourraient parler à personne qu'avec l'autorisation de deux des membres du directoire, en présence de l'officier de garde et pour un temps déterminé.

Ces arrestations et les mesures arbitraires qui suivirent ne tardèrent pas à provoquer de nombreuses réclamations. M. Trouillet, vieillard octogénaire, écrivait, le 23 mai, au district : « Si vous vouliez bien m'apprendre par qui et sur quoi j'aurais été dénoncé pour aristocratie, vous trouveriez à coup sûr dans ma réponse de quoi motiver solidement votre avis. Je suis avec fraternité et égalité votre concitoyen. » Cette lettre, à la fois laconique et précise, n'était pas pour plaire aux tyranneaux auxquels elle s'adressait. Il faut dire que beaucoup de requêtes plus humbles n'eurent pas plus de succès, et que le département dut intervenir pour qu'on élargît les prisonniers. Il ordonna, le 4 juin, que MM. Colard, Dubiez, Didier frères, Martel, J.-Cl. Cuenot, Vertel, Ch.-Ant. Cuenot, Jos. Cagnon, Muselier père et fils, Oudot, Chavassieux fils et Vuillemus, qui s'étaient adressés directement à lui, seraient remis en liberté, mais resteraient ajournés. Les autres détenus, qui presque tous appartenaient aux professions libérales, furent maintenus en prison ; mais tous n'attendirent pas, pour en sortir, l'amnistie générale du 9 juillet. C'est ainsi que M. Trouillet fut consigné chez lui le 18 juin, en raison de son grand âge et de ses infirmités, et que M. Chavassieux père fut élargi le 22 du même mois. Les trois ecclésiastiques, MM. Champereux, Richardin et de Labretonnière furent moins heureux : d'abord consignés à Ornans, ils furent ensuite déportés.

La position de MM. Bonnefoy était encore plus grave que la leur. En faisant une perquisition au domicile de l'abbé Bonnefoy (1), frère

---

(1) J.-Cl. Bonnefoy, de Lavans-Vuillafans, ancien curé de Foucherans, prêtre déporté.

et oncle des deux prisonniers, un agent du district avait découvert une lettre dès termes de laquelle il résultait que, dès le mois de décembre 1791, le père désirait et attendait une contre-révolution. C'était plus qu'il n'en fallait non seulement pour suspecter, mais pour établir des opinions réactionnaires. Cependant, comme cette condition d'incivisme reposait sur l'usage d'un document déjà ancien et de plus confidentiel, il était au moins délicat d'en tirer d'autres conséquences. Mais la délicatesse des sentiments n'était pas ce qui distinguait les membres du district d'alors ; l'ignominie d'une indiscrétion n'était pas pour arrêter longtemps des gens comme Bailly et ses compères. Le district décida que M. Bonnefoy père serait dénoncé à l'accusateur public et traduit devant le tribunal criminel pour avoir osé émettre, même en secret, un pareil vœu (24 avril). Par son ordre, père et fils furent transférés des Ursulines à la maison d'arrêt de Besançon. Comme si les accusations qui pesaient sur le père n'étaient pas déjà assez graves en ce temps de rigueurs effroyables, on inventa, pour l'accabler, un voyage à Coblentz, dans le cours de l'automne 1791, et on l'inscrivit sur la liste des émigrés. Il eût fallu, pour démentir cette fable, dont l'auteur n'était pas difficile à trouver *(Is fecit cui prodest!)*, de nombreux certificats de résidence ; mais sa mise sous les verrous le mettait dans l'impossibilité de se les procurer. Le département ne parut d'abord pas d'humeur à suivre le district d'Ornans dans cette voie d'extrême rigueur. Après avoir, au commencement de juin, soustrait MM. Bonnefoy au contact des malfaiteurs, pour les réunir, dans la maison du grand séminaire, aux suspects du district de Besançon, il poussa l'indulgence jusqu'à donner au père un mois de liberté pour lui permettre de se procurer les certificats destinés à sauver sa tête (1).

Les décisions du département, qui avaient mis nominativement en liberté le plus grand nombre des détenus d'Ornans et adouci la détention des autres, ne pouvaient plaire aux autorités tyranniques qui les avaient frappés. Le conseil général de la commune en fut vivement courroucé et opposa une vive résistance à leur exécution. Il finit même par refuser ouvertement d'en tenir aucun compte. En présence d'une opposition suivie d'une véritable révolte, le départe-

---

(1) V. J. Sauzay, *loc. cit.*, t. III, p. 716 et 717, 718 et 719, 720.

ment prit, le 18 juin, un arrêté dans lequel il constatait que le conseil insurgé se prévalait, contre la loi même, des termes d'un décret qui n'avait été ni publié ni affiché, pour tenir en état d'arrestation des particuliers dont il avait ordonné l'élargissement. Il donnait en même temps au district l'ordre de faire connaître à ce conseil les motifs de sa détermination, motifs d'autant plus fondés qu'un décret du 2 juin spécifiait formellement que les personnes à arrêter devaient être notoirement aristocrates et suspectes, tandis que les détenus d'Ornans ne pouvaient être rangés dans cette catégorie de gens et que les faits qui leur étaient imputés étaient vagues et dérisoires. Le conseil, ainsi incriminé, ne put pardonner au département son indulgence et résolut de le dénoncer à la Convention. Le 20 juin, il chargea le procureur de la commune, Fr.-Nic. Cuenot-Bourbon, et un des notables, Cl.-Fr. Maire, de rédiger un exposé détaillé de sa propre conduite et de celle du département, faisant ressortir les vexations auxquelles il avait été en butte de la part de ce dernier.

Pendant ce temps, le procès de M. Bonnefoy père s'instruisait devant la juridiction criminelle du département. Cet homme n'avait cessé de flétrir les excès des jacobins, et sa brutale franchise le leur avait rendu particulièrement odieux. Il joignait à ce premier tort ceux beaucoup plus graves de posséder une maison qui plaisait à un de leurs meneurs, Fr.-Ph. Marlet (1), et d'être le créancier de Bailly. Il fut traduit devant le jury d'accusation d'Ornans, comme coupable *d'avoir manifesté des opinions opposées à la Révolution et commis des délits attentatoires à la sûreté intérieure et extérieure de l'État.* Cette accusation, terrible par le vague des expressions, mais qui, d'après la loi du 27 mars précédent, pouvait conduire le prévenu à l'échafaud, fut servilement admise par le jury. Il accueillit aussi, sans vergogne, deux autres griefs de la même valeur : celui d'avoir *accueilli les moteurs, porteurs et signataires des pactes fédératifs criminels,* c'est-à-dire J.-Fr. Goguillot, Fr.-H. Pauthier et consorts, et celui *d'avoir fait un voyage à Coblentz en 1791,* qui emportait le crime d'émigration. Nous avons déjà fait allusion au dernier, vrai

---

(1) L'hôtel de Sagey-d'Arros, place des Iles-Basses, que cet homme de proie acheta à vil prix après la proscription de M. Bonnefoy et la confiscation de biens qui s'ensuivit. Il ne faisait décidément pas bon posséder quelque chose qui plût au sieur Marlet !

chef-d'œuvre d'invraisemblance, où tout, d'ailleurs, de notoriété publique, était faux. Outre la lettre dont nous avons parlé plus haut, on avait trouvé, dans les papiers de l'abbé Bonnefoy, un extrait de gazette de 1791, copié à cette époque par son frère, contenant des nouvelles de Coblentz et des émigrés français qui commençaient à s'y réunir. La malveillance et la crédulité firent de cet extrait une lettre écrite de Coblentz, par M. Bonnefoy, en 1791 ; et l'on prétendit qu'il s'y trouvait à cette époque, bien qu'on n'eût pas cessé de le voir à Ornans, où il avait, comme avoué, suivi exactement les audiences du tribunal. Nous avons vu que le département l'avait mis à même de faire choir cet échafaudage de mensonges. Ce ne fut pas sans peine qu'il parvint à réunir les certificats nécessaires : il avait résidé successivement dans quatre communes, et on exigeait, pour chacune d'elles, la signature légalisée de huit témoins. L'inique refus de la municipalité de légaliser celles des témoins d'Ornans rendit ses efforts inutiles, et il fut maintenu sur la liste des émigrés. L'infortuné ne voulut point d'abord passer à l'étranger et vécut en proscrit dans le pays même. De courageux amis lui donnèrent asile au péril de leur vie. Après avoir vécu pendant longtemps au milieu d'angoisses et de privations inouïes, il profita du déclin de la Terreur pour gagner la frontière [1].

En ce moment, la Convention était, chaque jour, le théâtre de scènes honteuses. L'arrestation de l'ignoble Marat, suivie de son élargissement forcé, l'insurrection du 31 mai, celle du 2 juin, la chute de la Gironde, le triomphe de la Montagne et l'asservissement de la Plaine, soulevèrent le pays presque entier contre la sinistre assemblée. L'insurrection éclata de tous les côtés à la fois. « Les habitants de tous les départements, dit M. Thiers, étaient prêts à prendre les armes contre l'assemblée. Il ne restait dans son autorité que les départements du nord et ceux qui composaient le bassin de la Seine. Les départements insurgés s'élevaient à soixante ou soixante-dix, et Paris devait, avec quinze ou vingt, résister à tous les autres. » Le Jura fut un de ceux qui déployèrent contre elle le plus de résolution et de courage. Il se déclara ouvertement en guerre avec elle, leva des troupes et envoya des députés à tous ses voisins pour les inviter à se confédérer avec lui en vue d'une marche

(1) V. J. Sauzay, *loc. cit.*, t. IV, p. 147 et 148.

contre la capitale. Les autorités du Doubs accueillirent ses émissaires avec bienveillance, mais avec réserve ; il régnait dans notre département une autre idée que celle de l'écrasement de la Convention ; c'était celle de sa délivrance et de son relèvement matériel et moral. On voulait y faire rentrer les éléments d'ordre et de modération que la lie de Paris et du monde entier en avait chassés. C'était l'opinion qui avait prévalu dans une réunion plénière des administrateurs du département, du district et de la commune de Besançon, qui eut lieu le 10 juin. Cependant, ces administrateurs avaient trouvé la situation trop grave pour assumer toute la responsabilité des mesures à prendre. Ils voulurent la faire partager aux autres corps administratifs, municipaux et judiciaires du département, et les invitèrent à se faire représenter à une assemblée générale convoquée pour le 16 à Besançon. Cette assemblée fut nombreuse et imposante : on y comptait près de trois cents délégués. Les diverses fractions du parti révolutionnaire y étaient représentées ; les jacobins exaltés y dominaient cependant, par le nombre sinon par le talent. Ce fut un feu de paille ! On vota une adresse de remontrances à la Convention, on y joignit l'offre d'une force armée destinée à concourir à sa défense. Une délégation des six districts, composée des citoyens Bourgeon pour Besançon, Delacour pour Baume, Regnaud pour Ornans, Alex. Michaud pour Pontarlier, Roze pour Quingey [1], et Dessoye pour Saint-Hippolyte, fut chargée de porter cette adresse à Paris. Elle n'osa même pas se présenter à la barre de la terrible assemblée. Dans une lettre collective qu'ils adressèrent, le 28 juin, au département, les délégués avouaient qu'ils avaient jugé prudent de ne pas compromettre leurs commettants. Le député J.-B. Quirot devait se faire plus tard un mérite de les avoir détournés de se rendre à la Convention et de les avoir ainsi arrachés à l'échafaud.

Les terroristes, après un moment d'angoisse, allaient demander leur salut à l'audace qui leur avait si bien réussi jusqu'alors. Ils lancèrent sur les départements soulevés ou douteux des députés compromis par les excès qu'on leur reprochait. C'est ainsi que, par un décret du 18 juin, les représentants Garnier, de l'Aube, et Bassal, de Seine-et-Oise, furent envoyés dans les départements de la Côte-d'Or,

---

(1) L'abbé Roze, qui flairait un danger, ne suivit pas ses collègues à Paris.

de l'Ain, du Jura et du Doubs pour « ramener au devoir les autorités
constituées qui auraient pu s'en écarter. » Garnier ne fit que passer
dans le Doubs, mais Bassal y demeura assez longtemps et y fit tout le
mal qui lui fut possible. Né en Auvergne vers 1750, Jean Bassal
était prêtre, membre de la congrégation de Saint-Lazare et attaché,
en cette qualité, au service de l'église Saint-Louis à Versailles, lorsque la Révolution éclata. Il avait prêté le serment constitutionnel,
qui lui avait valu la cure de Notre-Dame, la plus importante des paroisses de la ville. Nommé président du district en 1791, il avait été
élu, l'année suivante, député à la Convention. La lâcheté, plus que
la perversité, le portait à tous les excès. Il avait fait aux prêtres réfractaires une guerre odieuse et voté la mort de Louis XVI sans appel
ni sursis. Il devait être plus tard un des premiers ecclésiastiques qui
se marièrent et qui abdiquèrent le sacerdoce. Lorsque les deux représentants arrivèrent à Besançon, le 1ᵉʳ juillet, le beau feu dont
avaient brûlé un instant les autorités était bien éteint. Ils crurent bon,
d'ailleurs, de fermer provisoirement les yeux sur les actes de réaction des 10 et 16 juin et de se consacrer uniquement au Jura et à
l'Ain, qui étaient encore en pleine révolte. De leur côté, les Jacobins
qui, dans un moment de surprise et peut-être de peur, s'étaient asso-
ciés au généreux mouvement du 16 juin, s'aperçurent bien vite qu'ils
s'étaient trompés et s'empressèrent de le désavouer. Ceux d'Ornans
ne furent pas des derniers à prendre le vent. Dès le 20 juin, le district réprouvait solennellement les arrêtés du 16 et chargeait le député Besson de présenter à la Convention une adresse où ils expri-
maient leurs sentiments d'allégeance : « L'arrestation des membres
accusés de la Convention n'a excité en nous d'autres sensations que
le désir de les voir bientôt mis en jugement. Convoqués par le département à une assemblée des corps constitués, notre président Roussel,
l'un des deux membres députés par nous, a été l'organe de nos sentiments en soutenant, seul, que la Convention avait joui de toute sa
liberté et que tous ses décrets n'avaient été dirigés qu'au bien général. » En même temps, le club d'Ornans adressait à la Convention une
pétition tendant à la suspension des administrateurs du Doubs (1).

---

(1) J. Sauzay, *Tentative des républicains du Doubs en faveur des Girondins*
(*16 juin 1793*), dans les *Annales franc-comtoises*, 1866, p. 2-13.

Le club de Besançon avait résolu d'en faire autant dans le cas où les administrateurs ne désavoueraient pas sur-le-champ leurs actes. Ceux-ci lui opposèrent, par trois fois, un refus formel et finirent par déclarer qu'ils répondraient à toute instance nouvelle par la question préalable (7 août). Le 15 août, une émeute formidable, montée par P.-Jos. Briot et l'huissier Gouvernet, éclata dans la ville. Cette fois, les membres du département eurent le tort de céder. Les exigences des émeutiers étaient, cependant, abominables : la guillotine en permanence, la réclusion des suspects et douteux, la violation du secret postal, les visites domiciliaires et saisies de papier, l'envoi de commissaires dans le département pour y surveiller les méchants, le pouvoir discrétionnaire pour les magistrats, la suspension des municipalités inciviques et leur remplacement par des commissaires choisis parmi les patriotes, la fermeture ou la surveillance permanente des portes de la ville (1). La canaille d'Ornans profita de la circonstance pour exiger une nouvelle arrestation des suspects. Le 18 août, à quatre heures du matin, la générale est battue dans toutes les rues de la ville. Officiers municipaux et habitants, stupéfaits, s'interrogent sur le motif de cet appel ; personne, pas même le chef de la garde nationale, ne sait qui en a donné l'ordre. Cet officier, appelé par le conseil de la commune, dit qu'au son du tambour il s'est rendu en toute hâte sur la place d'armes, qu'il y a trouvé une grande partie de ses soldats réunis et qu'ils lui ont appris que l'objet du rassemblement était l'arrestation des personnes suspectes. La municipalité dépêche deux de ses membres au district et au tribunal pour les inviter à se réunir à elle. Boulet fils est le seul des administrateurs qui soit en ville ; il a été réveillé en sursaut et partage la surprise générale. Accouru au siège de l'administration, il y est rejoint par le secrétaire du district, J.-B. Maire. Tous deux suivent les municipaux à la maison commune, où le juge Ch.-L.-Ph. Maire ne tarde pas à les rejoindre. On se demande toujours et vainement qui a donné l'ordre de battre la générale. La conduite des autorités, prise ainsi au dépourvu, est de la plus déplorable faiblesse ; elles l'avoueront plus tard. Cédant aux injonctions de personnages dont elles tairont plus tard les noms par ignorance ou par peur, elles

(1) J. Sauzay, *Tentative*, etc., p. 14-17.

font opérer à l'instant les arrestations demandées par les mandataires de la canaille et donnent ensuite l'ordre de battre la retraite pour dissiper l'attroupement. Il est alors sept heures du matin. Les citoyens arrêtés et conduits à la maison d'arrêt sont MM. Trouillet, Barrel, Cuenot-Bourbon, Jos. Colard, Séb. Chavassieux, J.-Fr. Colard-Luc, J.-Cl. Martel, Fr. et J.-B. Bouquet, Cl.-Ant. Cuenot, P.-Ant. Vuillemus, J.-Et. Muselier, Cl. Mathey, Matth. Oudot, J.-Cl. et P. Laloue. Parmi eux, avec les victimes ordinaires des Jacobins, se trouvent le lieutenant de gendarmerie et le procureur de la commune. On reprochait à ce dernier, M. Cuenot-Bourbon, la tiédeur de son zèle révolutionnaire. Quant au lieutenant Barrel, il était accusé de n'avoir pas remis aux autorités sa croix de chevalier de Saint-Louis, lors de la suppression de l'ordre, et soupçonné de correspondance dangereuse. Il fut remis en liberté dans l'après-midi après vérification de ses papiers. L'exemple donné par Ornans porta ses fruits : des arrestations, beaucoup plus nombreuses, eurent lieu immédiatement après à Vuillafans et à Mouthier. Le département ordonna la mise en liberté de tous ces suspects [1].

A ce moment, Bassal reparut dans le Doubs avec une commission nouvelle qui s'étendait à la Haute-Saône et au Mont-Terrible, et avec un nouveau collègue, le fameux Bernard de Saintes. Appuyés d'un pareil renfort, les terroristes de Besançon, que n'avait pu satisfaire une nouvelle arrestation des suspects, résolurent de porter le dernier coup aux autorités établies. Le 2 septembre, ils profitèrent de la présence des deux commissaires au club pour faire décider qu'il était indispensable de purger les corps constitués de leurs éléments modérés. Bassal et Bernard s'empressèrent d'accorder la destitution de ces magistrats qui « avaient perdu la confiance du peuple pour avoir tenté l'organisation d'une force départementale contre Paris, cherché à abattre l'énergie des patriotes, comprimé les mouvements révolutionnaires et montré une modération et une fausse pitié pour les lâches égoïstes. » Ils déclarèrent déchus de leurs fonctions une quarantaine de membres des différentes administrations civiles, judiciaires et militaires de Besançon. La faction triomphante devait

---

(1) V. J. Sauzay, *Persécution révolutionnaire dans le département du Doubs*, t. IV, p. 591.

exiger à bref délai de nouvelles victimes ; le département tout entier eut alors son tour et, le 3 octobre, Bernard dressa une seconde liste. Dans le district d'Ornans, les magistrats frappés de déchéance furent avec MM. Fr.-Jos. Goguillot, de Flangebouche, membre du directoire, et Lambert, membre du conseil général du département, invalidés le 2 septembre, MM. Proudhon, juge de paix du canton de Nods [1] ; Cuenot-Bourbon, procureur de la commune d'Ornans, et Perrot, procureur de celle de Trepot. La plupart des déchus avaient donné, quelquefois même au mépris de la justice et de l'honneur, des gages à la Révolution. Un décret du 17 septembre ne les en mettait pas moins au rang des suspects et les condamnait, comme eux, à une détention indéfinie. Ils allèrent rejoindre en prison ceux qu'ils y avaient mis la veille [2].

C'est à cette époque que Bassal, à l'instigation de Chazerand, de Gouvernet, de Marrelier, de Rambour, de Robert et autres terroristes de cette espèce, prit un arrêté qui instituait dans le département du Doubs une véritable force révolutionnaire, de 2 à 300 hommes d'effectif, soldée sur les biens séquestrés et sur ceux des émigrés. Elle était destinée à assurer : 1° l'exécution de la loi du *maximum* [3] ; 2° la démolition des châteaux et autres lieux propres aux rassemblements dangereux ; 3° la garde des personnes en réclusion ; 4° la recherche des hommes suspects déclarés tels par les autorités constituées ; 5° la recherche des armes ; 6° la descente des cloches, la fouille des sacristies pour les matières d'or et d'argent ; 7° la recherche des provisions particulières et des accaparements, de l'agiotage et du discrédit des assignats ; 8° la surveillance sur toutes les routes et les débouchés qui conduisent à l'étranger ; 9° la recherche des chevaux, chariots, voitures et harnais de luxe ;

(1) Les justiciables de M. Proudhon ne furent privés que pendant un mois de ses conseils et de sa paternelle justice : il fut réintégré dans ses fonctions le 12 brumaire an II par un arrêté de Buchot, procureur général syndic du Jura, délégué par le représentant Prost.

(2) V. J. Sauzay, *Tentative des républicains du Doubs en faveur des Girondins (16 juin 1793)*, dans les *Annales franc-comtoises*, 1866, p. 17-19.

(3) Cette loi, renouvelée de Dioclétien, tarifait les denrées de première nécessité, les marchandises, les transports, et même les journées de travail, la main-d'œuvre, les salaires en général. Les infractions étaient punies d'amende, et, ce qui était plus terrible, les délinquants inscrits sur la liste des suspects. Elle fut abolie par des décrets de septembre 1794 et février 1795.

10° l'établissement et l'encouragement des sociétés populaires; 11° la surveillance de la loi du repos (décadaire), sur les pratiques superstitieuses et les costumes abolis par la Convention. Cette force devait être organisée à Ornans, qui avait le triste honneur d'être alors à la tête de la démagogie dans notre pays. Fort heureusement, cette organisation du pillage et de l'assassinat légal, œuvre infâme d'un concussionnaire et d'un apostat, resta à l'état de projet, en dépit des excitations des gredins dont il s'était entouré. Il allait, d'ailleurs, pouvoir exercer sa méchanceté sur des victimes qui s'offraient d'elles-mêmes.

Las de souffrir, les catholiques du Doubs, en grande majorité dans les montagnes et particulièrement dans la région si profondément religieuse qui comprenait les cantons de Sancey, de Pierrefontaine, de Vercel, d'Orchamps, du Russey et de Maîche, commençaient à avoir des pensées de révolte. Nous ne pouvons nous empêcher de remarquer que cette région était précisément celle où le sentiment catholique s'était allié si longtemps au regret de la maison d'Autriche. Les événements que nous allons raconter ont eu le même théâtre que les rébellions de 1708 et 1709 et, parmi les noms des héros de la *Petite-Vendée*, nous retrouverons quelques-uns de ceux des révoltés d'alors. Hâtons-nous de dire, cependant, que cette contrée était devenue bien française, et que l'appui donné par l'ancienne monarchie au culte cher à ses habitants avait tout particulièrement contribué à la rallier. Elle avait souffert jusqu'alors, avec une silencieuse résignation, toutes les calamités révolutionnaires, la privation de ses prêtres et de ses instituteurs, de ses temples et de ses écoles, la domination violente de la lie de la population et les dénis de justice de magistrats indignes et prévaricateurs, le désarmement de ses gardes nationales, les mauvais traitements et les vols des garnisaires, les réquisitions continuelles de grains et de fourrages, et cet impôt du sang que la lâcheté jacobine faisait peser de tout son poids sur les familles honnêtes (1). On n'y avait pris aucune part aux soulèvements que les mêmes souffrances venaient de pro-

(1) Les Jacobins, « qui ne parlaient que de mourir pour la patrie et qui se sont flattés ensuite de l'avoir sauvée par leur courage, continuaient, en réalité, à montrer très peu de goût pour la guerre extérieure, et le 11 octobre, la *Vedette* félicitait encore impudemment les clubistes de Besançon « de ce

voquer dans les trois quarts des départements. Les choses en étaient
là, lorsque la Convention décréta, le 23 août, une nouvelle levée de
soldats, la troisième depuis moins d'un an. Elle avait mis le feu aux
poudres !

Il n'est pas dans notre intention de faire, après M. J. Sauzay, le
récit de ce soulèvement « tout spontané, plutôt défensif qu'agressif,
aussi honnête qu'inhabile, tel enfin qu'on pouvait l'attendre d'une
population douce et pure, poussée au désespoir et plus disposée à
recevoir la mort qu'à la donner. » Commencé à Sancey le 31 août,
il se terminait, le 6 septembre, au *Grand-Communal* de Bonnétage,
par la dispersion des insurgés, dont un grand nombre réussit à tra-
verser le Doubs et à se réfugier en Suisse. Prévenu, le 4 septembre,
par Regnaud, qu'il avait envoyé à Vercel, comme commissaire à la
nouvelle levée, que le mouvement s'étendait dans la direction d'Ornans, le district forma, sur-le-champ, une force de 500 hommes,
empruntée aux gardes nationales du chef-lieu et des communes de
Montgesoye, Vuillafans, Lods, Chassagne, Étalans et Vernierfontaine.
Elle devait se trouver réunie à Fallerans le lendemain 5, à six heures
du matin, et était mise sous le commandement de Vaite, auquel
était donné le pouvoir de requérir, en chemin, toutes les forces
nationales dont il pourrait avoir besoin. Le directoire prévenait, en
même temps, le département et le priait de lui envoyer de la troupe
de ligne et de l'artillerie à Flangebouche. Pendant ce temps, les districts de Baume, de Saint-Hippolyte et de Pontarlier s'apprêtaient à
compléter le cercle de fer dans lequel on voulait enfermer les
malheureux montagnards. Ceux-ci n'opposaient, d'ailleurs, aucune
résistance, et les patriotes, qui n'avaient qu'à les pousser devant
eux, en profitaient pour mettre le pays à sac. Il devint bientôt mani-
feste, pour leurs chefs eux-mêmes, que ceux-ci étaient devenus
inutiles et dangereux. Dès le 7 septembre, J.-Fr. Grandjacquet, qui
était venu rejoindre Vaite, annonçait qu'il allait renvoyer dans leurs
foyers une partie des gardes nationales, qui se gênaient mutuelle-
ment et dévastaient la région. Le district ne pouvait suffire à loger

« qu'on n'avait pu parvenir à les décider à abandonner leurs foyers pour aller
« au loin cueillir des lauriers qu'ils pouvaient moissonner avec plus de dan-
« gers (?) dans les murs mêmes de la ville. » (J. Sauzay, *Persécution révolutionnaire*, t. IV, p. 279.)

les captifs qu'on lui amenait de tous côtés. L'arbitraire seul présidait aux arrestations (1) et les rancunes locales se donnaient libre carrière. Lorsqu'ils arrivaient à Ornans, au milieu des injures des uns et des lamentations des autres, les prisonniers étaient jetés pêle-mêle dans les caves des Ursulines. Ils en furent extraits, quelques jours après, pour être enfermés dans la chapelle de l'établissement.

Dès le 7 septembre, Bassal, bien rassuré sur les suites du soulèvement, s'empressa de prendre, tant en son nom qu'en celui de Bernard, l'arrêté suivant : « Les représentants du peuple requièrent le président, les juges et l'accusateur public du tribunal criminel de se transporter sur-le-champ à Ornans et à Baume. » Les magistrats appelés à juger les insurgés étaient le présidient Nodier et les juges Parguez, Violand et Cl.-L.-Ph. Maire, ce dernier du tribunal d'Ornans. L'accusateur public était le sinistre Rambour. Ils avaient à appliquer les effroyables prescriptions du décret du 19 mars précédent, rendu à l'occasion de la Vendée et en vue d'événements analogues à ceux qui venaient de se passer (2). Arrivés le 8 à Ornans, ils ne perdirent pas un instant. Bien que le nombre total des accusés fût de cent soixante-quinze, l'instruction était tellement sommaire que, déjà le 14, le sanglant tribunal condamnait à la peine de mort : J.-Th. Gody, d'Avoudrey; Jac.-Fr. Duboz, du même lieu, et J.-B. Grillet, de Flangebouche. Les trois condamnés furent guillotinés, le jour même, à quatre heures du soir, sur la place d'Armes (les Isles-Basses). Le 18, Guill.-Jos. Gauthier, des Censes-de-Flangebouche; Augustin Vivot, de Flangebouche; Cl.-Vincent Monnier, de Loray, et

(1) « Vaite lui-même, inquiet et attristé de la légèreté coupable qui avait présidé à ces incarcérations, écrivait au district : « J'ai demandé les procès-« verbaux d'arrestation des rebelles et de leurs complices à tous les détache-« ments qui en conduisaient à Ornans; je n'ai pas été peu surpris de la ré-« ponse que chacun d'eux m'a faite : qu'il n'y en avait point.... On ne saurait « se le dissimuler, parmi le plus grand nombre de ceux qui ont été conduits « à Ornans, il y a des innocents, et on ne peut prendre trop de mesures pour « les distinguer des rebelles. » (J. Sauzay, *ibid.*, t. IV, p. 407.)

(2) Les prévenus étaient déclarés *hors la loi;* les garanties ordinaires de la justice leur étaient refusées. Après avoir interrogé témoins et prévenus et entendu les explications de ceux-ci, le tribunal donnait la parole à l'accusateur public qui avait le dernier mot. Les peines étaient en harmonie avec cette procédure sauvage. Les coupables étaient exécutés dans les vingt-quatre heures, et leurs biens acquis à la république.

Cl.-Fr. Faivre, des Granges-de-Loray, furent condamnés à mort et exécutés. Enfin, le 21, les juges d'infamie prononcèrent la peine capitale contre J.-B. Gauthier, Fr.-X. Bouhélier, J.-B. Boillin, Cl.-Louis Boillin, tous quatre d'Avoudrey, et Henri Vermot, des Maisonnettes. Les corps de ces douze malheureux furent inhumés dans un pré situé au pied de la colline du Château, qu'on appelle encore *Aux guillotinés* [1]. Le tribunal condamna encore à la peine de la déportation perpétuelle à la Guyane : P.-Fr.-Éloi Devillers, d'Avoudrey; J.-Fr. Drezet, Fr.-X. Bouveresse, Math. Grillet, de Flangebouche; Fr.-X. Brullot, de Loray, et Fr.-X. Jobard, d'Avoudrey; à six ans de déportation : Fr.-X. Pauthier, de Flangebouche, et Fer. Barçon, d'Avoudrey; à quatre ans : Fr. Drezet, de Flangebouche; J.-Fr. Brézard, de la Sommette, et Fr.-Jos. Barrand, d'Avoudrey. Les autres prévenus étaient renvoyés à leurs municipalités, sauf à se représenter à première réquisition. Un de ces derniers, J.-P.-Nic. Busson, de Guyans-Vennes, ancien instituteur, fut exécuté plus tard à Maîche (14 oct.). Le 28, les hommes de sang partaient, avec la guillotine, pour Maîche, où ils devaient faire vingt nouvelles victimes [2].

La mise en liberté des suspects d'Ornans devait être suivie, à assez bref délai, d'une nouvelle incarcération. Le 25 septembre, les représentants avaient confié à un jacobin subalterne, J.-Fr.-X. Tournier, directeur des usines du Grand-Denis, près de Flangebouche, la triste mission de se transporter dans les localités principales des districts d'Ornans, de Saint-Hippolyte et de Pontarlier, pour y organiser les comités de salut public et de sûreté générale. Ils décidaient en même temps que « la maison des ci-devant Ursulines d'Ornans, celle des Minimes, à Morteau; le château de Vaufrey, celui de Bla-

---

(1) Deux ans après, Voisard et Couchery accusaient Rambour d'avoir fait jouer une musique militaire au pied de l'échafaud et d'avoir fait promener dans la ville les cadavres des suppliciés. Rambour s'en défendit assez mal. V. J. Sauzay, *loc. cit.*, p. 437.

(2) Sur les biens confisqués des condamnés, Bassal alloua 49,260 livres au district d'Ornans pour frais de guerre; 13,756 à la commune du Russey et 2,918 à celle de Longemaison pour fournitures de vivres aux patriotes. 182 livres furent allouées aux ouvriers Laloue et Picard, d'Ornans, pour avoir mis aux fers les prisonniers, et un mandat délivré à J.-Cl. Cassard « pour avoir conduit des sables destinés à *boucher* le sang des guillotinés. »

mont et une maison nationale de Pontarlier » serviraient de maisons de réclusion pour les captures de Tournier, auquel tout agent de la force armée, par l'ordre du général Reid, commandant par intérim de la 6° division, devait prêter main-forte. En arrivant à Ornans, Tournier y trouva installé un comité révolutionnaire qui fonctionnait de manière à ne pas en faire désirer un autre. Il était présidé par l'avoué Roy [1]. Ce comité fut, dès l'origine, une véritable agence de dénonciation et de vengeance ; le registre de ses opérations, conservé en entier, présente de jolis tableaux des mœurs révolutionnaires. Deux hommes publics, l'officier municipal P.-Jos. Étevenon et le commissaire de la république près le tribunal, Cl.-Fr. Maire, se distinguèrent particulièrement dans le rôle odieux et méprisable de délateur. Leur principale victime fut l'ex-avocat Richardin que Maire accusa « d'avoir, de concert avec l'avocat Gaudion et l'abbé Outhenin, favorisé secrètement les moines, les religieux et les prêtres insermentés » et d'avoir été l'appui d'Amyot, d'Étalans, et de Goguillot, de Flangebouche. Étevenon, lui, prétendit que « Richardin s'était coalisé avec le notaire Bonnefoy et l'abbé Clerc pour répandre une brochure intitulée : *Dernier prône d'un curé du Jura*, livre très incendiaire, » qu'il faisait circuler par les soins de Sim.-Dés. Bon, et qu'il avait fait donner du vin à Sim. Morel pour qu'il maltraitât ses dénonciateurs. Le vil mouchard ajouta qu'il avait été déjà frappé et menacé de mort par Morel et Colard-Claudy.

Le 6 octobre, le comité lança, au nom de Tournier, neuf mandats d'arrêt, qui atteignaient MM. Trouillet, Vertel, Bonnefoy père, Muselier, ex-avoué, Champereux, ci-devant religieux bernardin, Richardin et Cuenot-Bourbon, pour la plupart emprisonnés précédemment, et M<sup>mes</sup> Doney et Richardin, anciennes ursulines. Le 14, il fit opérer douze arrestations, celles de MM. J.-Ét. Colard, tanneur ; J.-B. Chavassieux, ancien receveur des finances ; J.-Fr. Maire, homme de loi ; Cl.-Fr. Guyot de Vercia, ancien conseiller au bailliage ; Cl.-Ant. Cue-

---

(1) Les onze autres membres étaient : Ph. Roland, cordonnier, commandant de la garde nationale ; Cl.-Jos. Chaillet, commandant en second ; Et. Étevenon, officier ; Quetaud, docteur en médecine ; Cl.-Fr. Gressot, membre du conseil général de la commune ; Cl. Lefort, greffier de la justice de paix ; L. Chaillet, dit *Voltaire*, suppléant du juge de paix ; Jos. Étevenon ; Guil. Tombal ; J.-Cl. Caillot ; Ant. Lallemand.

not, cordonnier ; Fr., J.-Cl. et L. Laloue, vignerons ; M<sup>me</sup> J.-Jos. Bou-
veret, femme de l'ex-avoué Muselier ; M<sup>lle</sup> Simonne Muselier, sa
fille, et M<sup>lles</sup> Claire et Thérèse Guyot de Vercia. Le 20, il envoya encore aux Ursulines dix prisonniers : MM. Andr. et Alex. Didier, me-
nuisiers ; P.-Ant. Vuillemus ; J.-Cl. Martel, vigneron ; Cl. Tournier,
ci-devant greffier du tribunal ; Math. Oudot, vigneron ; M<sup>me</sup> Thiébaud,
ancienne ursuline, originaire de Pontarlier ; M<sup>lle</sup> Alexie Chavassieux ;
une cultivatrice, Jeanne Colard, et Josephte Oudot, ancienne ser-
vante de M. P. Tombal, émigré. Enfin, le 21, il mit en réclusion chez
elles : M<sup>mes</sup> Laurence Morel, femme Vuillaume, mère de l'abbé Tombal, et Pierrette Cornu, femme Laloue, mère de prêtre émigré, et
M<sup>lle</sup> Thérèse Champereux, sœur d'émigré. Il y joignit, à la date du
23, Nicolas Rougetet, instituteur, constitutionnel et chaud patriote,
qui avait refusé des assignats en paiement. Plusieurs personnes
d'Ornans étaient, à la même époque, mises en réclusion à Besançon.
C'étaient : MM. P.-Ant. Cuenot, homme de loi, propriétaire à Thise
et à la Malcôte ; Sanderet de Valonne père, ancien maître des
Comptes (qui avait soixante-dix-huit ans et était sourd et aveugle) ;
Sanderet fils aîné, ancien conseiller au Parlement, et M<sup>mes</sup> Sanderet
mère, née Bailly, et Bruno Sanderet. Les deux Sanderet avaient été
arrêtés, le 7 avril déjà, comme coupables d'aristocratie. Le grand
crime de la famille Sanderet était de compter parmi ses membres un
émigré, Ch.-Fr. Sanderet, ancien avocat au Parlement, et un prêtre
déporté, Math.-Fr. Sanderet, ancien curé et doyen de Poligny.

Le régime auquel le comité d'Ornans soumit les détenus fut d'une
extrême rigueur, bien qu'ils fussent restés, de son propre aveu, presque tous étrangers à la politique. Ils avaient, à ses yeux, un tort
autrement grave que celui de n'être pas révolutionnaires : ils étaient
restés attachés à l'orthodoxie religieuse. Il fut défendu au concierge
des Ursulines de laisser entrer autres personnes que les membres du
comité, au nombre de deux au moins (quelle confiance réciproque !) ;
parents et amis étaient exclus, et les prisonniers ne pouvaient communiquer avec eux que par écrit et pour affaires domestiques. Leurs
serviteurs et les autres personnes chargées de leur porter à manger ne
pouvaient franchir les limites prescrites. Pour assurer l'exécution de
ces mesures, le comité décida que deux de ses membres seraient,
chaque semaine, chargés de la surveillance de la maison de détention

et devraient s'y rendre au moins deux fois par jour. La disette, qui empêchait les parents des détenus de leur procurer une nourriture saine et suffisante, et l'encombrement que produisit, dans l'établissement, l'arrivée de plus de cent cinquante suspects des communes rurales, ne tardèrent pas à y développer de nombreuses maladies. On dut renvoyer successivement chez eux MM. Guyot de Vercia, Richardin et Cuenot, Jeanne Colard, puis le P. Champereux, les sœurs Doney et Richardin, Josephte Oudot, la sœur Thiébaud et M<sup>lles</sup> Guyot de Vercia. Au mois de février 1794, le mal ayant dégénéré en une épidémie formidable, les médecins furent admis dans la maison. Mais bientôt il fallut disperser les malades ; ceux de la ville furent reconduits chez eux et ceux de la campagne portés à l'hôpital. Les détenus ne sortaient, d'ailleurs, qu'à titre provisoire et sous la responsabilité de leurs parents.

Bien que le comité révolutionnaire d'Ornans eût limité le nombre des arrestations et donné, d'autre part, de nombreuses preuves de sa modération, ses membres ne tardèrent guère à être fatigués de leur triste mission. Dix sur douze demandèrent à se retirer, le docteur Quetaud s'excusant sur son grand âge; Roland, Cl.-Jos. Chaillet, Roy et Étevenon, sur leurs grades dans la garde nationale; Gressot, sur ses fonctions municipales ; L. Chaillet, Tombal et Caillot, sur leurs liens de parenté. Le peuple fut appelé, le 2 février 1794, à leur donner des successeurs. L'assemblée électorale rejeta les excuses de Quetaud, de Roy et d'Étevenon, accepta toutes les autres, pour faire sortir du comité quelques terroristes outrés, et y fit entrer le juge J.-Clém. Teste, ancien lieutenant criminel, le juge Cl.-Fr. Doney, ancien lieutenant particulier, le chirurgien Jac. Verney, Jac.-Fr. Teste, Nic. Pargaud et J.-Cl. Lemaire, tous gens de la bourgeoisie et les trois premiers de la meilleure. Le nouveau comité se montra encore plus indulgent que l'ancien, mit, peu à peu et sous d'ingénieux prétextes, les prévenus en liberté, et, devançant la loi du 21 messidor, rendait aux champs, dès le 12 juin 1794, tous les cultivateurs emprisonnés comme suspects.

Nous avons vu, incidemment, que l'hôpital d'Ornans fonctionnait encore à cette époque. On avait inutilement essayé de remplacer les hospitalières, réfractaires au culte schismatique, par des infirmières laïques, lorsqu'un décret du 3 octobre 1793 vint rendre la chose obligatoire. Le district d'Ornans, après leur avoir longtemps, mais en vain, cherché des remplaçantes, écrivait, le 18 décembre, au département qu'elles étaient « dans le cas d'être remplacées pour leur fanatisme et pour n'avoir pas prêté à temps le serment exigé par la loi, » mais qu'il ne se présentait, pour prendre leur place, que des jeunes personnes dépourvues de l'instruction, de l'éducation et de l'expérience nécessaires. Il priait l'administration supérieure d'engager « quelques citoyennes de Besançon à venir passer deux ou trois mois » à l'hôpital d'Ornans pour le diriger. « Le département se borna à transmettre sa lettre à la municipalité de Besançon, qui, de son côté, la transmit aux administrateurs des hôpitaux de la ville, beaucoup trop embarrassés eux-mêmes en ce moment pour pouvoir faire droit à une pareille demande (1). » On dut se résigner à conserver les hospitalières, qui prirent le costume laïque et le nom d'infirmières et restèrent dans l'établissement jusqu'à la fin de nivôse an IV. Dans une délibération de la commission administrative, en date du 29 de ce mois, on lit que l'hôpital manque de subsistance depuis longtemps, qu'il n'y a, présentement, aucun moyen de lui en procurer et que les infirmières désirent se retirer chez leurs parents. Elles mouraient probablement de faim ! Ces pauvres filles obtinrent la permission de quitter l'hôpital, qui fut fermé. Le 7 pluviôse, les comptes de l'ancienne supérieure, devenue, par dévouement pour les malades, l'infirmière Grimont, furent examinés, puis on fit inventaire de tout ce qui restait dans la maison. On confia la garde du local à un nommé Cl.-Sim. Vannin, en attendant qu'il fût loué au tisserand Viennot. Enfin, ce qui restait des biens fut affermé à différents particuliers, et les vaches, que ces fonds ne pouvaient plus nourrir, furent confiées, pour leurs produits, à Guillaume Tombal et à Jacques Fleury.

(1) J. Sauzay, *loc. cit.*, t. III, p. 398.

L'émigration à la fin de 1793. — Profanation des reliques de sainte Colombe. — Culte de la Raison. — Fermeture de l'église des Minimes. — Abdication du sacerdoce par les intrus. — Interdiction de l'exercice public des cultes. — Résistance à l'observation du décadi. — L'instruction publique en l'an III. — Le théâtre des Ursulines. — Arrêté des représentants Besson et Pelletier (30 brumaire an III). — Enlèvement des signes extérieurs des cultes — Retour des abbés Cardey et Belin. — Première tentative de rentrée des prêtres catholiques.

L'émigration avait commencé dès les premiers jours de la Révolution. Le 16 juillet 1789, le comte d'Artois, le prince de Condé, le duc de Bourbon et beaucoup de personnes de la cour en avaient donné le signal. Elle ne prit, cependant, une réelle importance que dans les derniers mois de 1791, et, jusqu'au 20 juin 1792, ne s'étendit guère au delà de la classe nobiliaire. D'abord question de mode, elle ne tarda pas à être motivée par le meurtre, l'incendie et le pillage, crimes commis au nom du peuple et qui demeuraient impunis, pour peu que l'on pût accuser d'aristocratie ceux qui en étaient les victimes. Ce fut alors que la bourgeoisie et le peuple lui-même y prirent part. Trois mesures odieuses, la proscription du culte catholique, l'emprisonnement des suspects et l'enrôlement forcé de tout ce qui n'était pas jacobin, contribuèrent surtout à ce résultat. La première liste générale des émigrés du Doubs, publiée le 30 octobre 1793, comprenait 678 personnes, dont 220 du clergé, 257 de la noblesse et 201 de la bourgeoisie et du peuple. Le plus grand nombre des ecclésiastiques alors à l'étranger n'y avaient passé que pour se soustraire à la situation affreuse que leur faisait la déportation ou exil à l'intérieur. Nous trouvons sur cette liste dix citoyens d'Ornans : MM. Bonnefoy père, ancien avoué et notaire ; Bonnefoy fils, homme de loi ; Champereux, Dupuy de Baon et de Labretonnière, gardes du corps ; J.-Fr. Maire, homme de loi ; Muselier et Ch.-Fr. Sanderet de Valonne, soldats ; P.-Jos. Tombal, vigneron ; et Verny, commis de la régie ; tous de la bourgeoisie ou du peuple. Sur la liste du 21 messidor an II (9 juillet 1794), dite 5e liste, se trouvent : Cl-Ant. Cuenot, cordonnier ; Alexis Didier, menuisier ; et un nommé Dupuis, dit La Forêt ; et, sur celle du 26 thermidor an IV (13 août 1796), dite 6e liste, Louise, Delphine et Charlotte Colard-Luc, cultivatrices ; Marie Cuenot, cultivatrice ; et Marguerite Muselier, également cultivatrice. On voit que, sur ces deux listes, il n'y a plus que du peuple.

La persécution religieuse continuait sous toutes ses formes, et jamais le délire athéiste ne s'était laissé aller à de plus horribles profanations. Les églises étaient fermées, les autels pollués ou détruits, les sacristies dépouillées de ce qu'il y restait d'ornements et de vases sacrés. Le 27 novembre 1793, la municipalité d'Ornans donnait mission au maire, J.-Et. Colard, dit *Marat*, à l'officier municipal P.-Fr. Oudot, surnommé *Camille Desmoulins*, et au notable Den.-Jos. Bon, « de procéder au dépouillement de toutes les matières d'or et d'argent destinées au culte dans la ville, sauf à la république à remplacer ces objets comme elle l'entendrait. » Ces commissaires remirent, le 11 décembre, entre les mains de Gouvernet et de Bourgeon, délégués du département, dix-huit kilogrammes d'argenterie provenant de l'église paroissiale et de diverses chapelles Le district, trouvant sans doute que leur opération n'avait pas été assez fructueuse, chargea deux de ses membres, Cl.-Fr. Maire et Boulet père, de procéder, au nom de la commune, au dépouillement de la châsse de sainte Colombe, un des trésors les plus précieux de l'ancienne église des Ursulines. Dans un procès-verbal, qui est un chef-d'œuvre de cynisme et d'impiété, les deux drôles racontent qu'ils ont arraché les voiles d'argent, dont le corps de la sainte, qu'ils appellent « une momie, » était enveloppé, et qu'ils lui ont enlevé ses vêtements, ses galons, ses coussins de velours, « les ornements, dorures, pierreries et autres objets de luxe, dont une sainte ne doit pas rester décorée dans la république de la raison qui régit les Français (1). » Ils annoncent ensuite avec dépit que les pierres fines, sur la valeur desquelles on comptait beaucoup, n'étaient que de simples cailloux du Rhin ou de faux grenats. L'audition de ce factum odieux inspire à un des membres de l'assemblée municipale le désir de voir en-

(1) Les saintes reliques, dépouillées, furent, par bonheur, replacées dans leur châsse en bois doré. On les vénère encore, à l'église paroissiale, dans la chapelle du Rosaire.

lever le Christ qui orne encore la salle de ses séances; mais cette motion, par un reste de pudeur et de foi, est rejetée à la majorité des voix.

Le culte de la Raison, aussi mal accueilli à Ornans qu'ailleurs, fut officiellement inauguré, par l'administration du district, le 30 novembre 1793. Après un autodafé de titres féodaux sur la place d'armes, suivi de la danse de la Carmagnole et des cris de « Vive la Montagne ! » les sectateurs du nouveau culte se rendirent à « la principale église nationale, » devenue « le temple de la Raison, » et on y prononça « dans la chaire, *cette fois de vérité*, plusieurs discours. » Le secrétaire du district ajoute qu'un membre de l'administration, qu'il ne nomme malheureusement pas, a dit : « Les différentes religions sont les ouvrages des hommes; mais le culte impérissable est celui de la liberté et de l'égalité. Les églises sont devenues les temples de la Raison; les ministres, au lieu d'y prêcher des dogmes inintelligibles, retraceront les maximes de nos premiers pères et la morale de Jésus sans-culotte. » Ces déclarations de principes furent suivies d'une harangue de Maire, commissaire national près le tribunal, qui termina en abjurant ses prénoms Claude et François, sous prétexte que le premier était le nom du mari de l'infâme Agrippine et que le second était celui du « fondateur d'une sorte de vampires appelés capucins. » Il annonça, en même temps, qu'il adoptait ceux de Rousseau et de Mably, « apôtres de la raison. » Bailly fit ensuite le sacrifice de son propre nom, « comme rappelant le chef des justiciers féodaux, » et demanda qu'on approuvât l'adoption qu'il faisait du nom de Brutus. « Les démarches de ces républicains, continue J.-B. Maire, ont eu les applaudissements de tous les assistants. La joie brillait sur tous les visages, mais de cette joie pure qu'inspire le sentiment de la raison. Le cérémonie s'est terminée en faisant retentir la voûte du temple de l'ode à la patrie (1) et des versets du *Magnificat : Deposuit potentes de sede* (2).... »

La destruction du christianisme ne pouvait être populaire dans un pays aussi religieux que l'était encore, en général, la Franche-Comté.

______

(1) La *Marseillaise.*

(2) Cl.-Fr. Maire mourut, le mois suivant, avec le regret du mal qu'il avait fait. Pour Bailly, qui survécut peu à Robespierre, il mourut dans l'impénitence finale.

A Ornans même, où le district et la municipalité étaient, comme nous venons de le voir, aux mains d'athées déclarés sinon sincères, les jeunes gens des classes agricoles et ouvrières donnaient l'exemple de la résistance, en continuant, dans l'église des Minimes, les exercices religieux de la congrégation, qui avait survécu à la fermeture de sa chapelle et à sa suppression légale. Le district, irrité de cette opposition, déclara, le 25 janvier 1794, « que ce rassemblement tendant à continuer une association défendue par la loi, dans un édifice national qui venait d'être consacré au culte de la Raison, cette église resterait désormais fermée. » Cette décision ne fit qu'augmenter le mécontentement des catholiques, même constitutionnels, sans calmer l'agitation des ennemis de toute religion. La situation, au bout de quelques jours, devint tellement menaçante, que le district, à la date du 8 février, prit un arrêté qui mérite d'être cité comme un joli spécimen de la littérature officielle de l'époque. « Le Directoire, voyant avec peine que le flambeau de la raison n'a pas encore dissipé les ténèbres de l'erreur et de la superstition, qui jettent une macule sur les mœurs républicaines de cette commune ; informé, d'ailleurs, que des individus superstitieux ont témoigné leur mécontentement de la fermeture de l'église nationale des ci-devant Minimes, qui a été faite ensuite de nos ordres, pour couper racine aux abus produits par le fanatisme et qui se renouvellent dans cette église ; instruits enfin que des malveillants prennent prétexte de cette démarche légale pour exciter de la rumeur et porter le trouble parmi le peuple et qu'il y a eu des menaces d'insurrection, arrête que le conseil général de la commune d'Ornans est requis, sous sa responsabilité, de prendre toutes les mesures de précaution pour assurer la tranquillité dans la commune et y maintenir l'ordre, de faire faire des patrouilles pour dissiper tout rassemblement et de lui rendre compte de ses démarches. Ce conseil est invité, en outre, à réunir ses lumières et ses efforts à ceux de l'administration pour détruire les dernières tentatives de la malveillance et du fanatisme expirant. »

Les ministres du ci-devant culte constitutionnel n'avaient plus qu'à renoncer au sacerdoce ou à partager le triste sort qu'ils avaient fait aux prêtres fidèles. Il faut dire à leur honneur que la grande majorité, dans notre pays du moins, n'hésita pas à choisir la dernière alternative. Le district d'Ornans ne produisit d'abord que trois apostasies, celles de l'ex-oratorien Hug.-Ferd. Roussel, curé intrus du Valdahon et président du district, qui avait déjà abandonné sa cure pour se marier ; de l'abbé J.-L. Marlet, ancien professeur au grand collège de Besançon, vicaire épiscopal (1), et de Guil. Colisson, d'Épenoy, ex-cordelier, qui est mort aliéné. On peut y ajouter celles de J.-B. Bouvot, de Mérey, vicaire à Pontarlier, jeune prêtre de nouvelle création, en fonction depuis une année et qui n'avait encore que vingt ans, et d'Alexis Raguenet, intrus de Vercel. La municipalité d'Ornans se chargea d'en augmenter le nombre. Par un arrêté du 27 prairial an II (15 juin 1794), où elle visait l'interdiction de tout exercice du culte, elle exigeait préalablement la démission du curé et de ses vicaires et la remise de leurs lettres de prêtrise. Le jour même, l'intrus d'Ornans, l'ex-cordelier Besson, et ses deux acolytes, l'ex-capucin Jac.-H. Monnier et Cl.-Jos. Bonnefoy, nouveau prêtre, de la fabrique de Seguin, avaient abdiqué le sacerdoce. Ils furent imités, dans leur conduite plus ou moins spontanée, par l'ex-minime Ét. Peliet. L'abbé Ferrier, ancien bénéficier, résidant sans fonctions dans la ville, paraît ne pas avoir été inquiété dans la circonstance.

Le 23 floréal an II (13 mai 1794), Bailly, dit Brutus, qui avait échangé son titre de procureur-syndic contre celui d'agent national près le district, s'élevait, au nom de la liberté des cultes, contre les cérémonies extérieures qui continuaient à se faire en ville. Pour lui, porter le saint viatique à un mourant ou accompagner un mort au cimetière, était se rendre coupable d'une atteinte à cette liberté. Il n'y avait à Ornans, il est vrai, d'autre culte que le culte catholique, mais il aurait pu en exister d'autres et, en pareil cas, leurs sectateurs auraient pu être blessés par son exercice public. C'était une raison suffisante, à son sens, pour donner au district le droit, pour lui imposer le devoir d'interdire aux ministres et aux fidèles du seul culte existant toute cérémonie religieuse en dehors de leurs temples. Le district se rangea à un avis aussi judicieux et, s'empressant de faire droit aux réquisitions de Brutus, décida qu'il ne fallait porter aucune

(1) Un peu plus tard, le 28 novembre 1794, l'ex-abbé Marlet se présentait au département pour déposer ses lettres d'ordre, de grade théologique et de vicaire épiscopal, en témoignage de renonciation à toute fonction sacerdotale. Il se livra, comme Barrey, ancien vicaire de Pontarlier, à l'étude de la médecine et mourut, comme chirurgien, dans les armées de la république.

entrave à l'exécution des lois qui admettaient l'exercice de tous les cultes, mais que dès lors qu'ils étaient tous permis, aucun ne devait porter ombrage aux autres. Cette théorie n'est pas pour nous surprendre, puisqu'elle est encore invoquée, de nos jours, pour interdire toute manifestation extérieure d'un culte quelconque. L'application qu'en fit le district, dans cette circonstance, n'était pour lui, comme pour les champions contemporains de la liberté des cultes, qu'un acheminement vers leur suppression totale. Un mois s'était à peine écoulé que Brutus écrivait, avec satisfaction, au département, que la municipalité d'Ornans venait d'interdire tout exercice de culte (29 prairial).

Cette municipalité exemplaire avait, quelques jours auparavant (22 prairial), décidé « que les fêtes décadaires devant être célébrées avec la décence et le respect dus aux vertus sublimes que l'on se proposait d'y honorer et solenniser, il était défendu à tout citoyen de travailler les jours de décadi, sous peine de vingt-cinq livres d'amende, excepté en cas de danger pour les récoltes. » Cet arrêté ne put prévaloir même contre l'usage et les habitudes prises : catholiques bons ou mauvais furent unanimes à en enfreindre les dispositions. Le 5 messidor an II (23 juin 1794), le district est « informé que les fabricants de papier et leurs ouvriers se permettent de cesser leur travail les jours non décadaires » et « que lorsqu'ils travaillent les jours de fête, *style hypocrite*, des malveillants les insultent et les tournent en ridicule. » Il fait, en conséquence, « défense très expresse à tous les fabricants et ouvriers de chômer d'autres jours que les jours de décadi désignés par la loi pour les jours de repos ; il défend à toute personne de les insulter ou d'user de sarcasmes à leur égard, lorsqu'ils travaillent les *jours que la superstition et le fanatisme* avaient consacrés au repos, sous peine, contre les uns et les autres, d'être déclarés suspects et, comme tels, mis en réclusion. » Les autres fêtes n'avaient pas plus de succès que le décadi : le 25 messidor (14 juillet), anniversaire de la prise de la Bastille, un membre du club exposait à la séance des Jacobins, qu'en un jour consacré à célébrer la destruction de ce monument de la tyrannie, il avait eu la douleur de voir des habitants, répandus dans la campagne, s'occuper de travaux rustiques et dédaigner de chômer la fête. Sur sa proposition, la société nommait des commissaires pour aller prendre les noms de ces impies, les faire afficher à la porte du corps de garde et les envoyer à la *Vedette* pour y être insérés. Le lendemain, on lisait, dans la sinistre feuille, une liste de cinquante-trois coupables qu'elle dénonçait à l'indignation publique. Parmi eux se trouvaient les deux fils du maire, J.-Et. Colard, dit Marat, et l'ancien maire, P.-Ant. Cuenot, en personne! C'est ainsi qu'on respectait à Ornans cette déclaration de la Convention, du 24 novembre 1793, que « la loi laisse à chaque individu à distribuer lui-même ses jours de travail et de repos, à raison de ses besoins, de ses forces et selon la nature de l'objet qui l'occupe. »

La Convention, qui avait détruit en France toute religion positive, essayait, en ce moment, de substituer à une influence bienfaisante qu'elle avait méconnue, celle d'un enseignement basé sur la philosophie et la raison. En même temps qu'elle créait l'École polytechnique, sous le nom d'*École centrale des travaux publics* (7 vendémiaire an III) et l'École normale supérieure (9 brumaire), elle essayait d'organiser l'instruction primaire. La commission exécutive de l'instruction publique avait adressé, le 6 brumaire, aux districts une circulaire pour lui demander l'état de l'enseignement public dans leur ressort. Les administrateurs du district d'Ornans répondirent, le 28, que l'instruction n'y avait « jamais eu d'autre objet que l'enseignement de la lecture, de l'écriture, de l'arithmétique et de la langue latine; » que « des maîtres d'école étaient répandus dans presque toutes les communes pour apprendre aux enfants à lire et à écrire » et qu'il « y avait au chef-lieu un régent qui enseignait la langue latine. » Ils ajoutaient que l'instruction était actuellement bien négligée et que les communes manquaient d'instituteurs. Il y avait « deux instituteurs et trois institutrices établis à Ornans, en vertu de la loi du 29 frimaire an II, » mais il ne s'en était pas « établi dans les autres communes. » Ils disaient ensuite que « l'attachement aux anciens usages, le fanatisme et le manque de sujets » en étaient la cause. Enfin, ils avouaient que le district n'offrait pas « de sujets pour répandre l'instruction et former la jeunesse aux mœurs républicaines. » Tout ce que le district put faire, pour se conformer à la loi-décret du 27 brumaire an III, fut d'en proclamer emphatiquement l'importance « pour l'affermissement de la liberté, pour la destruction des préjugés et de l'ignorance, pour l'établissement et la propagation des principes républicains, c'est-à-dire de la vérité et de la saine raison. » Il décida bien, en effet, la création de vingt-six écoles pour tout le district, ce qui était déjà peu, et leur installation dans les presbytères ; mais les maîtres et les élèves firent défaut, tandis que les anciennes écoles de paroisse se rouvraient sans bruit de tous côtés. Le 10 ventôse an III, il eut pourtant la modeste satisfaction de présenter un sujet pour l'école normale. C'était Simon Maillot, de Vuillafans.

Une des panacées que la Convention préconisait, à cette époque, contre l'ignorance, dont la suppression des universités, des collèges et de toutes les autres écoles avait rendu les progrès effrayants, c'était le théâtre. Les représentants en province avaient mission d'en créer dans toutes les localités qui présentaient, à cet égard, quelques ressources. Nombre d'édifices, naguère consacrés au culte catholique, furent employés à cet usage profane dans les villes qui n'avaient pas de salles de spectacle. A défaut de troupes dramatiques organisées, on fit appel aux amateurs pour jouer des pièces de l'ancien répertoire ou les pièces de circonstance qui avaient, sur les théâtres de la capitale, reçu une sorte de consécration officielle. Le 3 frimaire an III, le représentant Pelletier, en mission dans le Doubs avec Besson, prit un arrêté prescrivant, aux frais du district, l'organisation d'un théâtre dans la maison des Ursulines d'Ornans. Les considérants qui lui servaient de préambule, muets sur les véritables intentions de la représentation nationale, insistent sur le devoir qu'elle a « d'employer tous les moyens possibles pour faire fuir le régime tyrannique et fanatique qui, jusqu'à ce jour, a fait des progrès incroyables, et d'y substituer les principes du républicanisme. » Le district décida, dès le lendemain, que l'église des Ursulines serait transformée en salle de spectacle. Cet édifice était donc destiné, après avoir entendu les plaintes des victimes du jacobinisme, à retentir des éclats de la joie grossière de ses ignobles sectateurs.

La chute de Robespierre n'apporta d'abord aucun adoucissement au régime de terreur sous lequel la France gémissait depuis deux longues années. Les thermidoriens, qui eussent peut-être bien voulu perpétuer ce système, continuèrent à l'appliquer jusqu'au jour où la compassion publique et le cri de l'opinion l'emportèrent contre leurs tendances. Besson et Pelletier, en mission dans le Doubs, redou-

7

blèrent même alors de rigueur contre les catholiques, leurs prêtres et leur culte, et les luthériens partagèrent avec eux l'honneur de la persécution (1). Par un arrêté en date du 30 brumaire an III, ils menaçaient d'arrestation et de poursuites « les prêtres et autres particuliers » qui exerçaient ou exerceraient publiquement un culte quelconque (art. 1). Ils mettaient « sous la surveillance des autorités constituées et des comités révolutionnaires » tous les prêtres qui avaient « exercé des fonctions publiques dans l'étendue des départements du Jura et du Doubs » (art. 2). Les temples qui avaient servi à un culte quelconque étaient fermés (2). Les effets et objets qu'ils renfermaient devaient être inventoriés par les soins des agents nationaux des districts et déposés en lieux clos jusqu'à ce que la commission d'instruction publique eût jugé s'il y avait quelque chose de précieux à conserver (3) (art. 3). Les agents nationaux des communes devaient faire enlever, *manu militari*, s'il était nécessaire, et dans la décade suivante, tous les signes extérieurs d'un culte quelconque (art. 4). Ils devaient rendre compte, dans les mêmes délais et sous peine de deux mois de prison et d'une amende qui pouvait s'élever jusqu'à 500 livres, de cette exécution (art. 5). Les officiers municipaux qui se seraient refusés à déférer à leurs réquisitions étaient menacés de « toute la rigueur des lois » (art. 6). Les cloches laissées à la disposition des communes ne pouvaient plus être sonnées, en dehors des cas indiqués par la loi, que pour le couvre-feu (art 8). Enfin, toute assemblée pour l'exercice d'un culte, quel qu'il fût, était interdite sous peine d'arrestation et de poursuite (art. 9). « L'hypocrisie révolutionnaire, dit M. Sauzay, avait jeté son dernier masque, une guerre à mort au christianisme et à la liberté des cultes était franchement déclarée au nom de la Convention (4).... »

(1) J. Sauzay, *Proscription du culte protestant et du culte israélite dans le département du Doubs en 1794*, in *Ann. Fr.-C.*, t. XII, p. 109.

(2) Ils ne devaient plus être ouverts que les jours de décadi et seulement pour la publication dès lois et la lecture des discours décadaires (art. 7).

(3) Le district d'Ornans avait prévenu des ordres, qu'il avait peut-être provoqués, en décidant, dès le 10 brumaire, le transport à Besançon de tous les objets d'or, d'argent et de cuivre des églises du district. L'état qui en fut fait comprenait 104 calices, 61 ciboires, 53 ostensoirs, 33 pyxides et 13 reliquaires pesant ensemble plus de 72 kilogrammes. Le district y joignit 26 kilogrammes de galons ou de tissus d'or et d'argent.

(4) J. Sauzay, *Pers. rév.*, t. VI, p. 403.

Les populations des divers districts, de celui d'Ornans comme des autres, opposèrent une résistance inattendue à ces mesures tyranniques. Au chef-lieu même, elles ne reçurent pas une exécution assez complète au gré de la Société populaire et montagnarde. « Les signes extérieurs du culte catholique placés sur les ci-devant églises de la ville » avaient même été enlevés, sur ses instances et par les soins du district, dès le mois de thermidor an II ; mais près de cinq mois plus tard, le comité central d'Ornans se voyait forcé à inviter la municipalité « à exécuter l'arrêté de Besson et Pelletier, en faisant enlever les croix en bois, en fer et en pierre qui existaient encore, d'après ses dires, au-dessus de plusieurs maisons.... » Un mois après, la chose n'était pas encore terminée et Boulet fils, agent national (procureur-syndic) du district, fulminait un réquisitoire tendant à faire enlever sans délai les signes du culte dans l'église des ci-devant minimes, « attendu, disait-il, que la conservation de ces signes proscrits était d'un mauvais exemple. » Il resta de ces signes et il y en a encore, ainsi que des inscriptions pieuses. Celles-ci sont encore très nombreuses dans certains quartiers.

Les prescriptions de l'arrêté de Besson et Pelletier contrastent assez singulièrement avec les mesures de douceur qu'ils crurent devoir prendre, dans le même temps, à l'égard des prêtres âgés ou infirmes, condamnés à la réclusion. Ces infortunés avaient été transférés à Dijon au mois d'octobre 1793. Après plus d'une année de séjour dans les prisons de cette ville, on les avait ramenés à Besançon, le 12 brumaire an III, et reclus de nouveau dans la maison des capucins. Prenant en pitié la caducité de quelques-uns d'entre eux, les représentants leur permirent de rentrer provisoirement dans leurs familles pour y rétablir leur santé ébranlée par tant d'épreuves. De ce nombre furent MM. Belin et Cardey, anciens familiers de l'église d'Ornans, qui se trouvèrent d'abord sans asile, leurs maisons et leurs meubles ayant été vendus. M. Cardey dut aller demander l'hospitalité à son neveu le notaire Marlet ; le pratique jacobin n'avait sans doute pas prévu cette éventualité ! Il restait à M. Belin un petit domaine qu'on allait vendre aux enchères ; il essaya de sauver cette dernière épave en demandant à Pelletier qu'il fût sursis à la vente. Mal lui en prit, car pour toute réponse, l'irascible conventionnel le fit enfermer dans la maison d'arrêt d'Ornans (8 frimaire). Le pauvre prêtre ne recouvra sa liberté qu'au mois de nivôse suivant, à l'occasion du passage de Pelletier à Ornans, et sur l'avis favorable du comité révolutionnaire.

En ce moment, un certain nombre des prêtres exilés faisaient une première tentative de rentrée. L'arrestation des PP. Élisée (Adrien Pégeot) et Clément (Jean-Pierre Cortot), dans le district d'Ornans, bientôt suivie de leur supplice (1), n'arrêta même pas ce mouvement; elle ne fit que rendre la population fidèle plus prudente et plus ingénieuse à cacher le retour de ses prêtres. Le comité révolutionnaire du chef-lieu essaya vainement d'y parer; le nombre des prêtres rentrés et de leurs complices fut bientôt si considérable qu'il ne tarda pas à être absolument débordé. Réduit à demander des secours à Pelletier (25 frimaire), il n'en reçut qu'un nouvel appel à la vigilance. Quelques jours après, Pelletier reprochait au zélé Boulet fils de ne lui avoir encore rendu aucun compte de l'exécution de l'arrêté concernant le fanatisme. Il insistait sur l'importance qu'il y avait, pour son collègue et lui, à « connaître l'efficacité des mesures répressives des abus, ou leur insuffisance » et sur le devoir qu'avaient les administrateurs « de les instruire. » Ce fut sans doute tout; car le même Boulet se crut obligé d'adresser, plus tard, ses doléances au comité de sûreté générale de la Convention. Il en reçut une réponse qui n'était pas destinée à le tirer d'embarras. « Nous comptons assez sur tou « zèle, lui écrivait-on, pour être persuadés que tu as fait tout ce qui « pouvait dépendre de toi pour découvrir les prêtres émigrés qui se « sont permis de rentrer et d'exercer leurs fonctions dans ton « district (2)…. » Des gendarmes et des soldats auraient mieux fait son affaire; car si l'administration était disposée à faire une guerre sans pitié aux prêtres rentrés, la population était bien déterminée à les défendre et à les sauver; nous n'allons pas tarder à le voir.

(1) Arrêtés, le premier à Durnes, le 18 brumaire, le second à Bonnevaux, le 15 frimaire an III, et interrogés, à Ornans, par le juge de paix Boulet père, et le directeur du jury d'accusation, Cl.-Ét. Teste, ils furent renvoyés devant le tribunal criminel du Doubs et exécutés quelques jours après (5 et 27 frimaire).

(2) Signé : Montmayou, Auguit.

# VII.



Tandis que la Convention, après avoir ouvert les portes des prisons, rendu les suspects à leurs familles et suspendu les opérations du tribunal révolutionnaire, pour achever de rassurer l'opinion publique, livrait au bourreau les plus compromis de ses membres, la terreur, que ses commissaires avaient introduite en province, continuait à régner sur bien des points. Dans le Doubs, où les élections de brumaire an III avaient profondément modifié les personnels administratifs et judiciaires supérieurs, les tyrans subalternes, qui avaient réussi à se maintenir au pouvoir, continuaient les traditions du régime qui prenait fin. Ce fut surtout le cas dans le district d'Ornans : l'administration y était restée aux mains des terroristes, qui opposaient la force d'inertie aux mesures réparatrices de l'assemblée souveraine, quand ils ne pouvaient pas lui rompre en visière, ce qui arrivait encore quelquefois. Ils semblaient attendre le triomphe de la canaille que les jacobins de la capitale ne cessaient de soulever contre la Convention. Après la terrible journée du 1ᵉʳ prairial et lorsque le parti de la Terreur eut reçu le dernier coup, il ne fallut rien moins que l'intervention du département et celle du représentant Saladin pour les contraindre à obéir. Mais n'anticipons pas.

La fin du régime de la Terreur avait permis aux catholiques, à Ornans comme ailleurs, de relever leurs têtes si longtemps courbées sous l'orage. Moins jaloux de reprendre leurs églises, qu'ils abandonnaient volontiers aux schismatiques (1), que de rétablir l'exercice de leur culte, ils se réunissaient dans les demeures de quelques-uns d'entre eux, pour y recevoir les secours religieux après lesquels ils soupiraient depuis deux longues années. La petite église des *vieux* prêtres d'Ornans ne tarda pas à faire de rapides progrès et à servir de point de ralliement à tous les catholiques du district. Ces progrès ne manquèrent pas d'éveiller la sollicitude de l'administration jacobine. Le 15 germinal au III, Boulet fils en écrivit au Comité de sûreté générale. Il lui fut répondu, sept jours après, qu'il devait continuer à faire exécuter les lois qui concernaient les prêtres insermentés, et que bientôt des mesures générales seraient prises par la Convention « à l'égard de ces individus à qui l'esprit de corps inspire la plus forte aversion pour les principes républicains. » Combien de républicains de nos jours sont encore dans la même erreur que Montmayou et Auguit! et cependant ils n'ont plus les jansénistes derrière eux! Mais, contrairement au proverbe, le venin a survécu à la bête, et il court encore dans les veines de plus d'un convaincu. Quoi qu'il en soit, les mesures annoncées restèrent à l'état de projet dans les cartons du comité ; la réaction qui suivit l'émeute du 1er prairial y mit bon ordre. Les catholiques s'enhardirent, et bientôt il y eut à Ornans de véritables assemblées religieuses; deux des prêtres rentrés, MM. Belin et Chavassieux, y disaient la messe chez divers particuliers. Les dénonciations qui suivaient avaient toujours la même réponse du département; on attendait des ordres. Après un procès-verbal du lieutenant de gendarmerie Barrel (19 floréal), Boulet fils avait adressé, le 5 prairial, un procès-verbal rédigé, le jour même, contre l'abbé Belin, par les citoyens Nic. Thiboux, officier municipal; J.-Nic. Tissandier, procureur, et J.-Cl.-Ant. Colard, secrétaire de la commune. Commissaires de la municipalité, ils venaient de surprendre cet ecclésiastique disant la messe au domicile de la citoyenne Barbe Dupuis. Deux lettres pressantes, qui suivirent, le 6 et le 12, n'obtinrent de réponse que le 13. Cette fois, Michel, suppléant du procureur général, attendait des

---

(1) Ceux-ci, de moins en moins nombreux, ne témoignaient pas, d'ailleurs, d'un grand empressement à les rouvrir.

instructions de Saladin. Boulet fils ne devait pas tarder à avoir des nouvelles de ce dernier.

Pendant que ces événements se passaient à Ornans, le procureur général avait ouvert une enquête sur la situation religieuse du département et adressé à cet effet un questionnaire aux districts. Rien ne saurait donner une idée plus nette de cette situation que leurs réponses. Il résulte de celles du district d'Ornans qu'à cette époque il y avait sur son territoire autant de prêtres réfractaires qu'avant la déportation, plus même, puisque beaucoup de prêtres étrangers s'étaient joints à ceux du pays. Ces prêtres allaient partout, réunis au nombre de trois ou quatre, séjournaient plus volontiers dans les communes dévouées et cherchaient, dans les autres, à gagner les municipalités. L'attachement des fidèles à ces prêtres était « au-dessus de tout ce qu'on peut exprimer. » Quatre communes seulement, celles d'Ornans, de Lods, de l'Hôpital-du-Grosbois et de Reugney, avaient conservé ou rappelé des prêtres constitutionnels. Ces prêtres, comme les prêtres fidèles, mais pour des raisons différentes, n'officiaient pas dans les églises, mais dans des lieux privés. La division des esprits existait encore et existerait toujours, mais on n'était exposé à la voir se traduire par des actes que dans le cas, fort improbable, où les constitutionnels reprendraient l'ascendant qu'ils avaient perdu. Il n'y avait de désunion que dans les communes où les deux partis religieux se trouvaient en présence. L'influence du parti catholique se faisait sentir même en dehors des communes qui lui appartenaient. On accusait les fidèles de ce parti de soupirer après un changement de gouvernement. Ils prêchaient, *d'après le district*, la contre-révolution « dans son entier, » déclamaient contre le serment de la liberté et de l'égalité (?), contre la guerre, les assignats, l'achat des biens d'église, engageaient les « volontaires » à ne pas tirer contre ceux qui combattaient pour rendre à la France sa religion et son roi et à émigrer s'ils en trouvaient l'occasion. (Ici nous sommes en pleine calomnie!) Le district avouait, d'autre part, que la grande majorité de ses administrés demandaient un culte, des cérémonies, des prêtres, et que les « philosophes » étaient fort rares parmi eux. Enfin, il ne cachait pas que les progrès faits, en peu de temps, par les prêtres rentrés étaient dus à l'immoralité de la plupart des prêtres constitutionnels, aux poursuites exercées contre les prêtres réfractaires et leurs sectateurs, à l'abolition de tout culte, au renversement des autels, à la lâche démission des prêtres constitutionnels. Il ajoutait à ces causes le défaut d'instruction, auquel les constitutionnels et les prétendus philosophes attribuaient volontiers le dédain que l'on avait de leurs doctrines. Nous savons de quel côté était l'ignorance !

En ce moment, les prêtres fidèles rentraient de toutes parts dans le district, et le peuple semblait décidé à les défendre et à les sauver à tout prix. Boulet fils, qui ne soupçonnait pas encore l'orage qui s'avançait sur lui, faisait de vains efforts pour s'opposer à cette invasion. Le 9 floréal, à six heures du matin, les abbés J.-Ant.-Maire, des Fourgs, et Ferd. Lucas, curé de Terminis, dans l'Isère, amenés la veille de Pontarlier, étaient dirigés, par ses soins, sur Besançon. Ils étaient sous la conduite du brigadier Amoudru et des gendarmes Brenet et Marguet, et accompagnés de six prisonniers de guerre autrichiens. Beaucoup mieux traités que les prêtres, qui étaient chargés de fers, ces derniers marchaient les mains libres. Quelques heures après, les gendarmes rentraient à Ornans avec les Autrichiens seulement. Ils avaient rencontré, à quelques kilomètres d'Ornans, aux Combes de Puits-Noir (en patois, *Put-Nâ*), une multitude armée de fusils, de sabres et de baïonnettes emmanchées, qui avaient brisé les cadenas des chaînes, et mis les deux prêtres en liberté. Parmi ces gens, qui appartenaient aux villages voisins, se trouvaient MM. Grosjean, mort curé d'Hyèvre, et P.-Jos. Cornu, de Saules, qui vivaient encore il y a une trentaine d'années. En vain, le district mit-il tout en œuvre pour découvrir les auteurs de cette délivrance ; en vain, le département fit-il requérir des communes soupçonnées d'y avoir pris part, de rendre compte des faits qui étaient à leur connaissance et des mesures prises par elles en cette circonstance, la lumière ne put se faire, et le procès ordonné par les autorités supérieures ne put avoir lieu, faute d'éléments. Boulet fils, dans sa colère, accusa deux prêtres réfractaires, MM. Joliclerc, curé de Villers-sous-Montrond, et Gauthier, ecclésiastique de Foucherans, dont la vigueur à l'égard des gendarmes est restée légendaire ; les sœurs hospitalières Guyot de Vercia et Jannet; les demoiselles Claire et Thérèse Guyot de Vercia, Banderet de Valonne et Muselier, qui avaient visité les prêtres dans leur prison, et deux pauvres servantes qui leur avaient porté des vivres. Le jury d'accusation ne pouvait donner aucune suite à des allégations sans preuves.

Le malheureux agent national, désespéré de la situation générale du district, la peignait en ces termes au département, le 17 floréal : « Le nombre des prêtres émigrés et déportés ne fait que s'accroître. « Ils se montrent hardiment et font des missions (1). Les mesures « révolutionnaires, la dévastation des églises, l'éloignement des « prêtres constitutionnels (?!), leur ont donné un crédit absolu. » Pour l'achever, Saladin chargea Proudhon de parcourir les communes dénoncées par lui pour vérifier les faits imputés aux prêtres émigrés ou déportés, de prendre des renseignements sur l'état des esprits, de suspendre et même de faire arrêter les membres des corps constitués qui abusaient de leur autorité, à charge par lui d'en référer de suite au représentant en mission. Il était autorisé spécialement à suspendre l'agent national du district dans le cas où il jugerait que sa partialité en faveur du culte constitutionnel pouvait le rendre dangereux. L'éminent délégué n'eut garde d'y manquer ; le trop zélé Boulet fils fut par lui destitué et remplacé par Fr.-Nic. Cuenot-Bourbon, ancien procureur ou agent national de la commune d'Ornans, que la persécution, dont il avait fini par souffrir lui-même, avait rendu plus modéré.

Le désarmement des terroristes, qui était le principal but de la mission de Saladin, fut opéré avec une lenteur calculée dans le district d'Ornans. Le directoire objectait aux ordres qu'il recevait que les trois quarts de ses administrés étaient des fanatiques, des partisans des prêtres réfractaires, de ceux qu'on désarmait sous le règne de la Terreur, et qu'ils n'étaient, par conséquent, pas dans le cas des gens que visait la loi du 21 germinal. Dans l'autre quart, il pouvait bien se trouver des hommes qui regrettaient la Terreur ; mais ils étaient en petit nombre et de peu d'importance. Le département, chargé de pourvoir à l'exécution de la loi, eut de nouveau à la requérir, et le fit sur un ton qui n'admettait plus de réplique. Le district dut, cette fois, se résigner. Le 1er thermidor, il choisit dans la tourbe de son parti les hommes d'action les plus bruyants, et livra, sans vergogne,

---

(1) Il se préoccupait, en ce moment, des assemblées de catholiques qui se succédaient à Saint-Maximin, lieu de pèlerinage très fréquenté, situé sur le territoire de Foucherans.

à la vindicte publique, les principaux exécuteurs de ses œuvres. C'étaient le perruquier J.-Fr. Duprey, imposé par le représentant Lejeune au conseil général du district, le chantre du pillage et de la guillotine; le clubiste Den.-Jos. Bon, tailleur de pierre et agent voyer; un vigneron, le nommé Et. Étevenon, qui avait, disait le district, « participé à tous les actes de tyrannie et d'oppression qui avaient désolé la commune; » P. Sim. Charmigney, vigneron et tourneur; J.-B. Pillot-Cousinot, un vigneron encore, qui ne parlait que d'égorger, d'assassiner, de démolir, qui avait frappé des vieillards et maltraité des magistrats dans l'exercice de leurs fonctions; le paveur Sim. Morel qui, dans les moments de désordre, parcourait les rues, le sabre nu à la main; enfin, le charpentier Jac.-Fr. Doutaux, l'un des plus acharnés tortionnaires des suspects. Le district signalait, en outre, presque tous ces bandits comme ayant eu la part principale dans l'émeute du 18 août 1793 et les arrestations arbitraires qui suivirent. Le lendemain, en adressant au département cette modeste liste de neuf noms, tous plébéiens, il s'excusait de son retard sur ses vues de paix sociale et de rapprochement.

Saladin trouva que, pour pénible qu'il eût été, cet effort était insuffisant; si le nombre des soldats dénoncés était déjà restreint, les chefs faisaient absolument défaut dans la liste. Aussi, trois jours après, s'étant rendu à Ornans, déclara-t-il que tous les corps administratifs et judiciaires du district renfermaient des hommes qui avaient pris une part active à la tyrannie détruite le 9 thermidor et les renouvela-t-il en entier. L'avocat Richardin fut replacé à la tête du district. Il fit entrer dans le directoire J.-Ant. Tournier, ancien commissaire près le tribunal; le médecin Vieille, de Vuillafans; le notaire Roy et Siméon Maillot, de Vuillafans, élève de l'école normale, tous républicains, restés ou devenus modérés. Le nouveau conseil général réunissait des révolutionnaires assagis, comme Math. Lambert, de Mouthier, et Fr.-Jos. Goguillot, de Flangebouche, et un protecteur déclaré des prêtres fidèles, Cl.-Ant. Bourgeois, maître de forges à Scey-en-Varais. Les autres membres étaient : le notaire Coste, de Vuillafans; P.-Fr. Hanriot-Colin, maire de Vanclans; Jos. Simon, de Vercel, et Nicolas, de Mérey. M. J.-B. Chavassieux fut réintégré dans ses fonctions de receveur du district ; M. Ét.-Jos. Gaudion fut nommé juge de paix à Ornans ; M. Martin, de Grandfontaine, à Vercel, et M. Tournier, de Bolandoz, à Amancey. Le terroriste Calamard, juge de paix de Vercel, fut désarmé en même temps que destitué. Le seul membre de l'ancienne administration du district qui fût conservé était l'onctueux secrétaire J.-B. Maire ; il n'avait guère mérité cette grâce. Le district était déjà représenté au département par Proudhon et Math. Lambert, et la ville, par les avocats Gaudion et Richardin.

Le lendemain, le club des jacobins ou de la Société populaire fut fermé ; ses régistres, saisis au préalable, furent déposés aux archives du district. Le 8 thermidor, mêmes mesures furent prises contre le club de Vuillafans, à la demande de quarante citoyens de cette commune. La dissolution de ces deux sociétés anarchiques fut prononcée, et défense expresse fut faite à leurs membres de se réunir dorénavant. Cette dissolution fut suivie de celle de tous les clubs de village qui désolaient, depuis quatre ans, la population honnête des campagnes. Une chasse active fut faite aux jacobins qui s'étaient le plus compromis. Le premier frappé fut le perruquier Duprey, dont Lejeune avait fait un grand homme. Saladin pensa que le désarmement était une punition insuffisante pour lui, et il le fit jeter en prison. Ce misérable qui, sous le règne des jacobins, n'avait eu de pitié pour personne, implora sans honte la clémence de ses anciennes victimes devenues ses juges. Dans une pétition, dont l'humilité faisait un singulier contraste avec son insolence d'autrefois, il exposa au district qu'il avait une mère octogénaire, une femme et quatre enfants en bas âge à nourrir. Elle fut transmise, par l'administration, à Saladin alors à Lons-le-Saunier. Le représentant voulut bien ordonner son élargissement, qui eut lieu le 23 thermidor. L'ancien régent David faillit avoir le même sort. Il avait fui Besançon, où l'attendait le châtiment de ses nombreux méfaits, et était venu se cacher à Ornans. Au bout de quelques semaines d'un silence prudent, il essaya de rétablir la terreur dans la ville. Informé de ses menées par le procureur syndic du district, Proudhon, qui suppléait en ce moment le procureur général, le recommanda en ces termes à son subordonné : « Vous « connaissez parfaitement le nommé David ; c'est un des plus

« mauvais sujets qui existent (1). Je vous prie de surveiller toutes
« les démarches de cet insigne terroriste. J'ai su qu'il y avait eu
« des mouvements à Ornans comme à Besançon à l'époque du
« 10 août. Je désirerais fort qu'on en eût suivi les auteurs et que
« l'on eût informé. Il est essentiel de démasquer enfin et de punir
« tous les auteurs, fauteurs et adhérents du système de pillage et
« de sang qui a désolé si longtemps les familles » (1er messidor) (2).

Avant de se séparer, la Convention avait travaillé à une constitution moins informe que celle de 1793, qu'il n'était pas possible de
faire fonctionner (3). La constitution de l'an III est assez connue en ce
qui concernait les pouvoirs exécutifs et législatifs centraux ; mais on
ignore généralement l'organisation qu'elle donna aux départements,
et l'on comprendra que nous entrions à ce sujet dans quelques dé-
tails. Leur administration fut confiée à un comité central composé
de cinq membres et renouvable par cinquième tous les cinq ans. Les
districts furent supprimés, ainsi que les municipalités de commune.
Il n'y eut au-dessous de l'administration centrale que des administrations de canton composées de délégués ou *agents municipaux*, un
par commune, sous l'autorité d'un président élu par l'assemblée
primaire. Chacun des agents municipaux avait un *adjoint*. Les
villes de cinq mille habitants au moins formaient à elles seules un
canton et avaient une administration particulière composée de cinq
membres qui élisaient l'un d'entre eux président. Par une dérogation
dont nous n'avons pu découvrir la cause, Baume, Ornans et Pontarlier furent traitées d'abord comme des villes de cinq mille habitants
et formèrent des *cantons urbains.* Les assemblées de leurs *cantons
ruraux* siégèrent à Cour, à Villers-sous-Montrond et à Doubs. Chaque
canton, rural ou urbain, avait un juge de paix nommé aussi par l'assemblée primaire. Le *Directoire exécutif* nommait, auprès de chaque
administration, départementale ou de canton, un *commissaire* révo-
cable chargé de surveiller et de requérir l'exécution des lois. Les dé-

---

(1) Un journal de l'époque l'appelle *un extrait quintessencié des vices les
plus abjects.*

(2) **V.** J. Sauzay, *loc. cit.*, t. VII, *passim.*

(3) Cette constitution, dans l'esprit de ses auteurs, établissait le gouvernement direct. Le corps législatif proposait les lois et le peuple les acceptait ou
les refusait. Les suffrages étaient exprimés par oui ou par non.

partements n'avaient, comme précédemment, qu'un seul tribunal criminel composé d'un président, d'un accusateur public et d'un greffier nommés par les électeurs, et de quatre juges empruntés, par la voie du roulement, à la justice civile. Les tribunaux civils de district étaient remplacés par un seul tribunal, composé de vingt juges au moins et siégeant au chef-lieu du département. Aux tribunaux correctionnels de canton étaient substitués un nombre restreint de tribunaux du même ordre (trois à six par département). Ces nouveaux tribunaux étaient composés de deux juges de paix ou assesseurs, sous la présidence d'un membre du tribunal civil, délégué pour remplir en même temps l'office de directeur du jury d'accusation du ressort. Le Directoire exécutif était représenté auprès de tous ces tribunaux par des *commissaires* et des *substituts*. Cette nouvelle organisation administrative et judiciaire devait porter un coup terrible à Ornans, en le privant pour toujours de son siège. Les tribunaux correctionnels du Doubs, au nombre de quatre, furent établis à Besançon, Baume, Saint-Hippolyte et Pontarlier ; leurs ressorts devaient servir plus tard de base à la division en arrondissements.

La nouvelle constitution devait entrer en vigueur le 5 brumaire an IV (27 octobre 1794) ; mais la nouvelle administration du département fut élue dès le 23 vendémiaire. Les électeurs nommèrent administrateurs MM. J.-Fr. Voisard, Kilg, Marcel Pourcelot, Michel et Mourgeon ; président du tribunal criminel, M. Rougnon ; accusateur public, M. Guillemet. Parmi les vingt juges du tribunal se trouvaient l'avocat P.-Ant. Cuenot et Proudhon. Le 11 brumaire, les électeurs primaires du canton d'*Ornans-ville* se donnèrent pour administrateurs les jacobins J.-Et. Colard dit *Marat*, ex-maire, Ant. Cayrou, P.-Fr. Oudot dit *Camille Desmoulins*, Cl.-Fr. Garmond, et Cl.-Et. Teste dit *Casse-bancs*, ex-juge ; et, pour juge de paix, un autre jacobin, Cl.-Ant. Colard. Il n'y eut, résultat de manœuvres d'intimidation, que 267 votants sur 720 électeurs inscrits. Les électeurs du canton d'*Ornans-rural* nommèrent juge de paix Ph.-Ren. Besnchet, de Scey-en-Varais, ex-juge, et président Et.-Jos. Bourgeois, maître de forges au même lieu. Les commissaires choisis par le directoire furent J.-Et. Colard pour Ornans-ville et J.-B. Maire, ex-secrétaire du district, pour Ornans-rural. Le commissaire provisoire pour Ornans-ville avait été l'avocat Fer.-Hél.-Fr. Teste (de Montbellard).

Le premier soin des jacobins zélés, qui composaient la nouvelle administration d'Ornans, en prenant la direction des affaires de la ville, fut de demander à l'administration du département vers quelle maison de réclusion ils devaient diriger les prêtres insermentés âgés ou infirmes, qu'ils ne pouvaient se résigner à voir en liberté. Le silence de l'autorité supérieure fut pris par eux pour un acquiescement, et, le 12 frimaire an IV (3 décembre 1795), ils prirent la résolution de faire conduire à Besançon, par la gendarmerie, MM. Belin, Cardey, Chavassieux et Trouillet, dès que le département aurait indiqué cette maison. Le prétexte était de mettre leur responsabilité à couvert, la réclusion de ces vieillards étant, suivant eux, urgente, et la loi formelle à leur égard. Le département ne donna aucune suite à cette affaire, et ils furent obligés, pour employer leur activité malsaine, de faire, chez les particuliers, des perquisitions illégales qui ne firent que tourner à leur confusion. Au cours d'une de ces visites domiciliaires, un honorable habitant, M. P.-Et. Cuenot, ayant raillé les municipaux, qui croyaient trouver chez lui des prêtres déportés, fut traduit par eux devant le tribunal correctionnel de Besançon. Il s'était permis de rire en leur disant : « Vous êtes arrivés trop tard, ils sont « partis, » et il avait fait rire les enfants qui les avaient suivis par curiosité ! M. Cuenot fut acquitté.

Bientôt les limites de la ville furent trop restreintes pour l'ardeur de ces tyranneaux, et ils s'érigèrent en surveillants de l'administration du canton rural. Le 2 nivôse, J.-Et. Colard demandait à Quirot jeune s'il devait requérir des agents municipaux de ce canton l'application des lois contre les prêtres, ou les faire poursuivre lui-même par la gendarmerie. Le commissaire du directoire près le département fut obligé de lui rappeler qu'un autre était chargé de ce soin. On feignit alors, dans l'Ornans jacobin, de se croire en danger, et les administrateurs de la commune sollicitèrent l'autorisation de puiser à leur gré dans le dépôt de poudre, dont ils avaient la garde (11 nivôse). Quelques jours plus tard (le 18), ils réclamèrent encore des armes « pour résister aux ennemis de la chose publique. » Pour calmer leur impatience, Quirot crut devoir leur répondre que la commune d'Ornans, « forte en patriotisme dès l'aurore de la révolution, » s'était attiré, par ce fait, « la haine des communes environnantes royalisées et fanatisées par les mauvais prêtres, » et qu'il était juste, en conséquence, qu'on lui accordât un certain nombre de fusils. Il s'était concerté, à ce sujet, avec le général Ferrand, qui lui en avait promis une cinquantaine. Mais il n'était pas au bout de ses peines : le 7 pluviôse, on lui demanda un détachement de cinquante cavaliers pour assurer la tranquillité, « la garde nationale étant excédée par les courses extérieures qu'elle avait déjà faites, » et l'on continuait à représenter les campagnes voisines comme très menaçantes. Tout le danger était dans l'imagination des Jacobins, sollicités par le souvenir sinon par le remords de leurs nombreux méfaits. Il était aussi bien dur pour eux, il faut l'avouer, après avoir, pendant cinq ans, tyrannisé six cantons, de n'en avoir plus un seul à tourmenter !

Le fait est qu'en ce moment, presque toutes les communes du canton rural étaient desservies par des proscrits et que les offices paroissiaux s'y faisaient avec la même liberté et la même publicité que sous l'ancien régime. Soit lassitude, soit impuissance, le commissaire du directoire, J.-B. Maire, paraissait décidé à laisser faire, et ses anciens complices ne parvenaient pas à le tirer de son attitude expectante. Le 21 nivôse, le juge de paix d'Ornans-ville, Cl.-Ant. Colard, dénonçait à son tour son collègue du canton rural, M. Besuchet, et, cette fois, il ne s'agissait pas seulement d'inertie, mais de trahison, au sens jacobin du mot. Colard écrivait à Nodier, commissaire près les tribunaux du Doubs, que ce juge prévaricateur instruisait une affaire contre un agent municipal et un adjoint, de manière à favoriser des individus contre lesquels la loi devait sévir vigoureusement. Le 23, J.-Et. Colard, commissaire du Directoire à Ornans-ville, dénonçait également à Quirot « l'inconduite de la commune de Trepot » et lui envoyait des preuves écrites de son mépris pour la loi. Deux prêtres déportés y exerçaient journellement leur ministère ; l'un était logé chez l'adjoint et l'autre trouvait un asile chez différents particuliers. J.-B. Maire, mis en demeure, par ces dénonciations, d'agir avec plus de vigueur, requit de l'administration du département un arrêté ordonnant aux agents municipaux et à leurs adjoints, sous leur responsabilité personnelle, d'arrêter les prêtres et de les faire conduire dans les maisons de réclusion, de dénoncer au commissaire du canton la résistance qu'ils pourraient éprouver à le faire, et de lui faire connaître sans délai les mauvais citoyens qui donnaient asile aux proscrits. Cette réquisition demeura sans effet et ne réussit pas à rendre son auteur moins suspect à ses anciens coreligionnaires politiques. Résolu à se retirer de la vie politique, J.-B. Maire entra dans le hotariat, et fut nommé notaire à Ornans le 6 pluviôse an IV (26 janvier 1796). Son successeur, comme commissaire du canton rural, fut son homonyme Cl.-L.-Ph. Maire, ex-juge au tribunal du district.

auteur moins suspect à ses anciens coreligionnaires politiques. Résolu à se retirer de la vie politique, J.-B. Maire entra dans le hotariat, et fut nommé notaire à Ornans le 6 pluviôse an IV (26 janvier 1796). Son successeur, comme commissaire du canton rural, fut son homonyme Cl.-L.-Ph. Maire, ex-juge au tribunal du district.

# VIII.



Si les lois meurtrières de la Terreur n'étaient point abrogées, nous
venons de voir qu'elles n'étaient plus appliquées, même dans notre
malheureux pays. Les menées d'un agent royaliste et l'inconcevable
épouvante d'un émigré, tous deux d'origine franc-comtoise, vinrent
en quelque sorte contraindre les autorités à renoncer à la bienveil-
lante attitude qu'elles avaient adoptée depuis quelque temps. En ce
moment, l'armée de Condé était campée à Mülheim, près de Bâle, et
s'apprêtait à entrer, par Porrentruy, dans les montagnes de la
Franche-Comté. Le général Ferrand, qui commandait la 6e division
à Besançon, avait promis à M. Pautenet de Vereux de provoquer un
mouvement dans cette place. M. de Tinseau d'Amondans, ancien
capitaine au corps royal du génie, était aux environs de Neuchâtel,
prêt à tenter un soulèvement des paysans de Maîche à Pontarlier.
Dans son impatience d'agir, ce dernier longeait souvent la frontière
française. Un jour, il la franchit sans s'en apercevoir, et son saisis-
sement fut tel, en l'apprenant d'une personne à laquelle il demandait
son chemin, qu'il se retira précipitamment après avoir vidé, dans
un buisson, le contenu de son portefeuille. Les papiers qu'il aban-
donnait ainsi étaient des plus compromettants pour son parti. Vainement un ami qui l'accompagnait s'offrit-il à aller les reprendre ; sa
frayeur était telle qu'il s'y refusa. Ils ne tardèrent pas à être recueillis

par un passant, qui les porta à l'agent municipal des Gras. On y trouva le plan d'invasion et de contre-révolution auquel il devait coopérer. Cette découverte amena, avec l'arrestation du malheureux Ferrand, la destitution et l'emprisonnement de cinq membres de l'administration du Doubs, qu'on accusa de négligence sinon de complicité. Ils furent remplacés d'office par l'ex-procureur général syndic Billot, l'ex-procureur syndic de Quingey Masson et les anciens administrateurs Ravier, Roland et Vuillier. Le président Rougnon partagea en partie cette disgrâce : il fut suspendu de ses fonctions pour un temps illimité qui dura jusqu'au 24 thermidor an VI. Ceci se passait le 26 nivôse an IV. Depuis ce jour néfaste et jusqu'au 24 germinal an V, c'est-à-dire pendant quinze longs mois, le département devait être condamné à subir une autorité imposée qu'il méprisait à bien d'autres titres que son origine.

Sous les auspices des usurpateurs, les jacobins essayèrent de restaurer le régime de la Terreur. Comme « les fanatiques » des campagnes continuaient à alarmer l'administration d'Ornans-ville, elle adressa, le 17 pluviôse, à Quirot, une dénonciation en règle contre l'administration du canton rural. Ce factum était accompagné d'une liste des prêtres émigrés et déportés qui y résidaient et des agents municipaux et adjoints qui leur donnaient l'hospitalité (1). Cette dénonciation fut suivie d'une série d'expéditions, où les gendarmeries de Besançon et d'Ornans, commandées par les lieutenants Violte et Mérédey, firent généralement buisson creux (2). La seule arrestation de prêtres qui eut lieu dans le canton rural fut celle de M. J.-B. Landriot, curé de Clairvaux, qui s'était retiré dans sa famille, à Villers-sous-Montrond. Des gendarmes en tournée l'ayant rencontré, le

(1) Il était signé : Ant. Cayron, président; Cl.-Ét. Teste, P.-Fr. Oudot et J.-Ét. Colard.

(2) Précédemment, le 3 pluviôse, le lieutenant Mérédey et les gendarmes Pahin, Pérrot, Boisselet et Pianet avaient reçu, à Saules, une pile homérique. Ils venaient arrêter l'abbé Demesmay. Cette exécution fut suivie de trente-deux arrestations, dont cinq seulement furent maintenues, et d'un procès criminel qui se termina par l'entier acquittement des prévenus. Cette issue imprévue causa tant de surprise et de colère dans les régions jacobines, qu'elle y fut attribuée aux causes les plus singulières. On alla jusqu'à supposer que la gendarmerie d'Ornans avait reçu de l'argent pour atténuer ses dépositions. Les gendarmes n'avaient d'ailleurs pas besoin d'être payés pour jouer de mauvais tours aux jacobins.

8 thermidor, près de Tarcenay, s'étaient saisis de lui et l'avaient conduit au département. Mis en reclusion aux Carmes, le vieillard avait protesté. Le 20, l'administration départementale, sur le rapport favorable de Rambour, décida qu'aucune plainte n'ayant été faite sur sa conduite et sur la manifestation de ses principes, le pauvre reclus serait renvoyé dans sa famille, sous la surveillance des autorités du canton. Les jacobins d'Ornans jouaient décidément de malheur avec les ruraux. Ils essayèrent, sans plus de succès, de rétablir la Terreur dans la ville. Le 6 germinal, ils avaient signalé au département un fait très inquiétant : le vieil abbé Belin se permettait de dire secrètement la messe chez lui ! Le département ne s'en étant pas ému, deux jours après la municipalité demandait à Quirot si l'ex-cordelier Trouillet, qui avait fait la déclaration voulue par la loi, pouvait exercer le saint ministère dans une maison particulière ou dans une église autre que celle désignée par l'administration. La loi étant formelle à cet égard, Quirot répondit qu'il n'y avait qu'à s'y conformer, sauf à surveiller les assemblées auxquelles donnerait lieu le culte exercé par le bon religieux. Une période de tranquillité de près d'une année suivit ces incidents.

Les élections générales de germinal an V rendirent, pour un instant, au Doubs, le droit de confier la gestion de ses intérêts à des hommes dignes de sa confiance. L'approche de ces élections causait une grande inquiétude aux jacobins, dans la France entière; mais nulle part cette inquiétude ne fut aussi vive qu'à Besançon. Dès le 22 pluviôse, la municipalité, qui était à leur dévotion et que sa mauvaise conscience troublait, insistait auprès des députés du département pour que l'assemblée électorale du second degré fût convoquée à Baume ou à Ornans. Il n'en fut rien, et les résultats d'élections qu'ils avaient espéré escamoter ne furent pas de nature à les consoler de leur impuissance: leur défaite fut complète partout. Vernerey, condamné par le sort à quitter le corps législatif, fut remplacé aux Cinq-Cents par le jurisconsulte Grappe, qui avait fait partie de l'administration modérée du district de Besançon en l'an III. Voisard et Kilg, administrateurs destitués le 26 nivôse an IV, furent réélus par 161 et 159 voix. Les électeurs leur adjoignirent les avocats Michel Clerc et P.-Ant. Cuenot et refusèrent de remplacer Marcel Pourcelot, qu'on avait suspendu de ses fonctions comme parent d'émigré. Kilg fut élu président par ses collègues. Parmi les présidents de canton nouvellement élus, on remarquait celui d'Ornans-ville, l'avocat Fr.-Nic. Cuenot-Bourbon. Le personnel des commissaires du Directoire éprouva peu de changements. L'administration nouvelle du département ne tarda pas à éliminer J.-Ét. Colard, commissaire d'Ornans, qui n'avait, d'ailleurs, qu'une institution provisoire. Par un arrêté du 2 prairial (1), elle le remplaça par Cl.-L.-Ph. Maire et réunit ainsi sous sa surveillance la ville et le canton rural, dont la députation du Doubs avait, d'ailleurs, proposé la réunion au ministre de l'intérieur (2).

La veille du jour de sa destitution, J.-Et. Colard, que ses compatriotes avaient flétri du surnom de *Marat*, se plaignait à l'administration municipale, où il siégeait en qualité d'agent de la ville, qu'à Ornans et dans d'autres communes du canton, des prêtres disaient la messe le jour et la nuit, au milieu de réunions nombreuses, sans avoir rempli les formalités légales. Il requérait des agents municipaux et adjoints des communes rurales, *sans en avoir le droit*, la liste des prêtres qui avaient satisfait à la loi et la dénonciation des autres. Le même jour, par une singulière coïncidence, le savant et respectable curé de la ville était rentré de Lons-le-Saunier avec un passeport en règle. S'étant présenté à la municipalité, l'abbé Trouillet avait déclaré, conformément à la loi du 7 vendémiaire an IV, qu'il reconnaissait « que l'universalité des citoyens français était le souverain » et qu'il promettait soumission et obéissance aux lois de la république. Malgré la protestation de J.-Et. Colard, son ennemi personnel, l'administra-

---

(1) Voici les termes de cet arrêté : « Vu les plaintes graves portées contre le citoyen Colard et les renseignements demandés à l'administration du canton, d'où il résulte que Colard a placé des gendarmes à discrétion, ainsi que les chevaux, chez plusieurs particuliers et qu'il a délivré des mandats d'arrêt contre quatre citoyens d'Ornans ; considérant que de tels actes sont des abus de pouvoir, des attentats contre les personnes et les propriétés, qui ne peuvent sans danger rester impunis ; que les observations faites par ce commissaire montrent qu'il est un ignorant dénué des premiers éléments de l'instruction ; que la nouvelle constitution ne peut devenir stable que par la destruction de cet esprit révolutionnaire qui, n'admettant ni lois ni principes d'équité, ne produit que des vexations et aigrit ceux qui en sont victimes, l'administration, rapportant son arrêté du 15 nivôse dernier, nomme à la place de Colard le citoyen Cl.-L.-Ph. Maire.

(2) Cette réunion n'eut lieu qu'au mois de germinal an VI.

tion municipale [prenait acte de la déclaration du vénérable prêtre. Le département, appelé à juger du différend, prononça, contre Colard, que cette déclaration était parfaitement régulière. Le jacobin, réduit, par sa destitution, au rôle de simple dénonciateur, écrivait, le 17 prairial (5 juin 1797), à Quirot et à Nodier que M. Trouillet n'avait pas indiqué le lieu où il célébrerait son culte et que sa messe provoquait, dans cette maison, des rassemblements considérables. Il était très facile au curé de se mettre en règle : le 26, M. Cl.-Fr. Colard-Luc vint déclarer à l'administration que les catholiques avaient choisi sa maison pour y célébrer leur culte.

Nous avons vu plus haut que les jacobins d'Ornans avaient vainement tenté de recommencer la Terreur. Le repos de leurs adversaires ou, pour parler plus exactement, le repos de leurs victimes habituelles, assuré d'abord par les élections de l'an V, parut un instant confirmé par la loi du 7 fructidor de cette année. On sait que cet acte bienfaisant abrogeait toutes les lois qui prononçaient « la peine de la déportation ou de la réclusion contre les ecclésiastiques qui étaient assujettis à des serments ou à des déclarations, ou qui auraient été condamnés, par des arrêtés ou des jugements, comme réfractaires ou pour cause d'incivisme, et contre ceux qui avaient donné retraite à des prêtres insermentés » (art. 1er). Elle rapportait également celles qui assimilaient les prêtres déportés aux émigrés (art. 2). Elle déclarait enfin que les individus atteints par les susdites lois rentraient dans tous les droits de citoyens français s'ils remplissaient, d'ailleurs, les conditions prescrites par la constitution pour jouir de cette qualité (art. 3). On put croire que la justice et la liberté, d'accord avec la volonté, maintes fois exprimée, du peuple, avaient enfin triomphé de la tyrannie. Hélas ! ce beau rêve de la France, en fructidor an V, ne dura que dix jours : le 18 de ce mois, elle se réveilla en pleine Terreur ! Dès le lendemain de ce jour néfaste, la loi du 7 fut rapportée par les auteurs d'un coup d'État jacobin accompli contre toutes les garanties sociales (1).

Les nouveaux administrateurs du Doubs étaient bien trop honnêtes pour prêter leur concours au gouvernement issu de cet odieux attentat. Le 24 fructidor, MM. Kilg, Voisard, Clerc et Cuenot protestaient

_________

(1) Voir J. Sauzay, *loc. cit.*, t. VIII, *passim*.

contre la violation des lois en donnant leur démission, et déclaraient qu'ils continueraient leurs fonctions jusqu'au moment où elle serait acceptée par le Directoire. Celui-ci leur fit l'honneur de les destituer et les remplaça d'office par un personnel terroriste composé de Billot, l'ex-procureur général, du régicide Vernerey, de l'apostat Ravier, de Masson et de Vuillier, les tyrans de Quingey et d'Orchamps-Vennes. Les 21 et 22 fructidor, deux des conspirateurs, François de Neufchâteau et Merlin de Thionville, encore ministres de l'intérieur et de la justice, avaient adressé aux commissaires du Directoire dans les départements une circulaire pour leur recommander, entre autres mesures urgentes, le remplacement immédiat des municipalités suspectes, le soin des écoles publiques et la stricte observation des lois relatives aux prêtres déportés et aux cultes. Cette circulaire donna lieu au remplacement d'office de M. Bourgeois, président du canton rural, par le notaire Marlet. Sous les auspices du nouveau gouvernement et de ses serviteurs, la persécution ne devait pas tarder à commencer.

Elle fut inaugurée à Ornans, le 12 vendémiaire an VI, par des visites domiciliaires qui amenèrent l'arrestation de M. J. Colard, curé de Chambornay-lez-Pin, réfugié chez son parent, M. Cl.-Fr. Colard-Luc. Ce malheureux prêtre, autrefois déporté, avait été déjà arrêté, au mois de prairial précédent, dans le canton de Pouilley, pour contravention à la police des cultes. Le directeur du jury d'accusation de Besançon, Clergel, avait invité alors le département à statuer sur son sort. Les administrateurs, après l'avoir fait enfermer quelques jours aux Capucins, l'avaient mis en liberté, avec les autres reclus, le 2 messidor. C'était avec leur autorisation qu'il s'était retiré dans sa famille, sous la surveillance de la municipalité. Après avoir arrêté M. J. Colard, les gendarmes se rendirent chez M. J.-Cl. Martel, pour y saisir M. Lég. Martel, curé de Lavans-lez-Dole. Celui-ci était parti, heureusement, dès le matin, et l'on ne trouva dans la maison que sa chapelle. Le 6 brumaire, Quirot dirigea sur les cantons d'Ornans et de Vuillafans un détachement de la garnison de Besançon, avec mission d'y faire la chasse aux prêtres déportés et aux réquisitionnaires. Ce fut sans grand succès, ainsi que le constatait, trois jours plus tard, le commissaire du Directoire à Ornans. « J'ai requis chaque agent, écrivait Cl.-L.-Ph. Maire, de tenir la main à l'exécution ponc-

tuelle de la loi du 19 fructidor, et de me rendre compte de ses démarches à cet égard. J'ai requis en même temps la gendarmerie
de rechercher et arrêter les personnes atteintes par cette loi. Je n'ai
qu'à me louer de son zèle et de son activité sur cet objet important.
Mais malheureusement elle n'est pas secondée dans ses opérations.... Les prêtres Landriot, Belin (1), Cardey, Chavassieux et
Trouillet, qui ont été reclus, sont actuellement dans leurs foyers.
Il n'est pas à ma connaissance qu'ils exercent aucune fonction. Ils
n'ont pas fait le nouveau serment, mais ils sont tranquilles. »

A la même époque, l'agent et les gardes nationaux patriotes de
Lasnans arrêtaient, sans mandat, à Vaudrivillers, l'abbé Muselier,
dont nous avons déjà eu l'occasion d'admirer le courage et la crânerie. A leur sortie du village pour conduire leur prisonnier à Lasnans d'abord, puis à Baume, les estaffiers volontaires avaient eu
maille à partir, un instant, avec les habitants, les femmes surtout,
qui paraissaient vouloir leur faire un mauvais parti. Le prisonnier
les avait conjurés de rester calmes comme lui, et avait réussi à leur
imposer le respect de l'autorité, même usurpée. M. Muselier avait été
relevé de la déportation le 12 prairial précédent, parce qu'il n'avait
jamais été vicaire titulaire de Fertans, jamais fonctionnaire public,
comme tel astreint au serment. Mais le commissaire du Directoire
dans le canton de Passavant, Compagny fils, l'avait dénoncé à Quirot
comme portant le trouble dans la paroisse de Servin, alors desservie
par un ancien curé constitutionnel, l'abbé Détey. Il fut donc conduit
à Besançon, où le département annula l'arrêté rendu en sa faveur
par l'administration précédente, déclarant que, titulaire ou non, il
n'en avait pas moins exercé les fonctions de vicaire, qu'il avait été
abusivement relevé de la déportation, et décida qu'il resterait en prison jusqu'à ce que le lieu de déportation des prêtres réfractaires eût
été fixé par le Directoire. Le 17 brumaire, la même autorité ordonna
son expulsion dans la quinzaine et le fit conduire à la frontière par
la gendarmerie.

(1) L'administration terroriste avait montré quelques égards pour ce respectable prêtre, âgé de soixante-huit ans et réduit, par la vente de ses biens,
à une extrême misère. Sur un rapport du médecin Guyonvernier et du chirurgien Marchand, constatant qu'il ne pouvait être conduit à Besançon ni
en voiture ni à pied, le département avait décidé qu'il resterait à Ornans.

M. Martel, qui avait échappé, le 13 vendémiaire, aux recherches
de la gendarmerie, ne tarda pas à tomber entre les. mains des terroristes et à être dirigé par eux sur Besançon. Le malheureux était
atteint de phtisie pulmonaire et dans un tel état de faiblesse qu'il
fallut le laisser en chemin. Le 23 frimaire, le département rejeta une
pétition faite en sa faveur et concluant à son maintien dans ses
foyers. Elle était cependant chaudement appuyée par les administrateurs d'Ornans présidés par Boulet père, et ces gens-là n'étaient pas
suspects de tendresse pour les prêtres fidèles. Mais le département
avait déclaré, sur le rapport de Vuillier, que les instructions du ministre de la police, sur les mesures de douceur à prendre à l'égard
des prêtres infirmes, n'étaient pas applicables à M. Martel, dont le
nom figurait sur une liste d'émigrés. On le jeta, sans pitié pour son
état, dans un cachot de la prison criminelle, et il y resta jusqu'au .
26 germinal an VI, où il fut transféré dans la maison de réclusion. Il
avait fait, quelques jours auparavant, un nouvel appel à la justice
ou à la pitié du département, qui avait demandé l'avis de la municipalité d'Ornans. Celle-ci, présidée par Martel et se rappelant le peu
de cas qu'on avait fait précédemment de celui qu'elle avait donné,
avait répondu sèchement « qu'il n'y avait plus lieu de délibérer sur
cette pétition, qui n'était qu'une répétition des précédentes. » Mais
le département n'en avait pas moins décidé, sur le rapport de Masson,
« que le pétitionnaire n'avait pu se conformer à la loi de fructidor à
raison de ses infirmités, et qu'en vertu de la lettre ministérielle du
3 brumaire, il pouvait être remis sous la surveillance de la municipalité de son domicile ou dans la maison de réclusion. »

M. J. Colard, après son arrestation, avait été conduit à la maison
d'arrêt de Besançon. Le 17 vendémiaire, le département déclara
qu'il se trouvait en état de contravention à la loi du 19 fructidor,
mais que cette loi étant muette au sujet de la juridiction civile ou
militaire devant laquelle les prêtres déportés devaient être traduits,
il resterait détenu jusqu'à ce que le ministre de la police, consulté,
eût donné une solution à la question. Cette solution intervint en pluviôse, et, le 15 de ce mois, l'administration du Doubs arrêta que
M. J. Colard serait déporté à la Guyane. Il partit de Besançon le
15 ventôse, à quatre heures du matin ; ses compagnons de martyre
et lui étaient enchaînés comme des malfaiteurs. Arrivé à Rochefort

le 8 germinal, il fut embarqué, le 14 thermidor, sur la corvette *la Bayonnaise*, à destination de Cayenne. Dirigé, à son arrivée, sur Cononama, M. J. Colard y mourut, trois semaines plus tard, le 30 vendémiaire an VII, du typhus qui, avec le scorbut, régnait dans cette contrée meurtrière. Il était alors âgé de cinquante-huit ans.

Tandis que ces trois prêtres, originaires d'Ornans, recevaient les premiers coups des fructidoriens, on avait procédé dans leur malheureux pays à une nouvelle arrestation des *suspects*, dont le nombre, comme nous allons voir, avait singulièrement augmenté. Le 10 ventôse an VI, le commissaire du Directoire à Ornans, qui était encore Cl.-L.-Ph. Maire, envoyait à Quirot un « état des individus connus par leur haine pour la république, et dont les actions ou les discours avaient révélé l'incivisme. » Cet état comprenait les noms de cent soixante-quatre habitants appartenant, pour la plupart, à l'élite de la population. En tête de cette pièce, on lisait, avec stupéfaction; le nom de Boulet fils, qui y figurait comme protecteur des prêtres émigrés et déportés ! On n'était pas moins étonné d'y trouver ceux de Fr.-Nic. Cuenot-Bourbon, de J.-Fr. Grandjacquet et de J.-B. Maire, voire ceux de Cl.-Fr. Richardin et de J.-Fr. Roy [1], qui avaient donné des gages plus que suffisants à la Révolution. De vrais suspects alors c'étaient MM. Sim. Bastide ; J., Ét., Fr. et P. Bidalot ; J.-B. Chavassieux [2] ; J.-B., Jac. et P.-Jos. Colard ; Cl.-Fr., F.-X., Jos. et L. Colard-Luc ; Cl.-Ant., P.-Ét., Fer. et Lég.-Cl.-Ign. Cuenot ; J. Cuenot-Bourbon ; Ét., Fr., J.-Cl. et Jos. Cuenot-Nonot ; J.-Fr. Dothe ; Alexis Didier ; Cl.-Fr. Doney ; J.-B. Drezet ; J. et Jos. Dubief : J.-Fr. Élevenon ; Adr.-Rose Gaudion ; Guyonvernier ; Cl.-Fr.-Jos. Guyot de Vercia ; Ch.-Éd. de Labretonnière-Guyot ; J.-Cl., Fr. et Nic. Laloue ; Hippolyte Margelin ; J.-Cl. et P.-Fr. Martel ; Cl. Mathey ; Ét. Muselier ; Cl. et Cl.-Fr. Nodier ; Cl., Hen. et Mat. Oudot ; Jos. Petit ; Jos. Poulain ; J.-B. Ratte [3] ; Hen.-Sim.-Fr.-X. Simonin de Maléchard ; Socier ; Fer.-Hél.-Fr. Teste [4] ; Cl.-Fr. et J. Tombal ; J.-Ant. Tournier ; Jac.-Fr. Trouillet ; Jac.-Fr. Vertel ; Joachim Vuillaume ; Fr. et P.-Ant. Vuillemus ; pour ne citer que les principaux.

(1) L'avoué Roy était devenu notaire et conservateur des hypothèques.
(2) Receveur des finances.
(3) Receveur de l'enregistrement et des domaines.
(4) Juge de paix.

Ils étaient tous accusés de tendances royalistes et de sympathie pour les émigrés et les prêtres réfractaires. Le fait est que la tyrannie des jacobins avait développé, quand elle n'avait pas fait naître, ces sentiments chez beaucoup d'entre eux.

Les élections de germinal an VII furent plus scandaleuses encore que les précédentes. Non seulement on écarta les suspects du scrutin, mais on réussit à intimider les « patriotes » douteux; si bien que les candidats terroristes l'emportèrent partout sur leurs concurrents plus ou moins modérés. On se préparait, d'ailleurs, en haut lieu, « si la chose était nécessaire, » à faire la chasse aux « ennemis du gouvernement et de la constitution de l'an III » et surtout aux fonctionnaires dénoncés comme « indignes de la confiance publique. » Inutile de dire ce que couvraient ces euphémismes. Violand, ancien membre du tribunal criminel, si sanguinaire, du Doubs, fut élu membre du Conseil des anciens ; P.-Jos. Briot, ancien rédacteur de la *Vedette*, fut élu membre du conseil des Cinq-Cents, en remplacement de Couchery; et Quirot aîné fut réélu membre du même conseil. Les cinq membres de la nouvelle administration départementale furent des terroristes de première marque : Roland, Perriguey, Vuillier, Foraisse et Alexis Marchand. Le président du tribunal criminel fut le régicide Michaud; l'accusateur public, le capitaine Laroche, rapporteur près le conseil de guerre. Marlet avait été nommé président du nouveau (¹) canton d'Ornans ; J.-Ét. Colard (²), commissaire du Directoire près de ce canton ; et Cl.-Ét. Teste, agent municipal de la ville.

Sous de tels auspices, la persécution ne devait pas tarder à se faire sentir à Ornans. Le premier prêtre appelé, par la nouvelle administration départementale, à aller rejoindre les vieillards détenus aux Capucins, fut le savant abbé P.-Jos. Colard-Luc. Sur une dénonciation de Cl.-Ét. Teste, le département arrêta, le 27 floréal, qu'il serait arrêté et reclus « jusqu'à ordre contraire. » On l'accusait d'avoir voué une haine mortelle à la cause de la liberté, d'entretenir et de propager le regret de « l'ancien système de fanatisme; » d'abuser de

____

(1) Nous avons vu que c'est à cette époque qu'on réunit les cantons urbain et rural d'Ornans.

(2) Il fut remplacé en thermidor par J.-Fr. Grandjaquet, plus dangereux que lui parce qu'il avait plus d'intelligence et de culture.

la tolérance des habitants d'Ornans pour y exercer, sinon publiquement, comme avant le 18 fructidor, du moins en secret, « son système subversif de l'ordre établi par la constitution de l'an III, » et de profiter « des ténèbres de la nuit pour accomplir les vœux de tous les fanatiques qui avaient recours à lui ; de confesser, de baptiser et d'unir en mariage ; si bien que sa présence à Ornans était devenue un sujet de contraventions continuelles et de troubles. » Quelques jours après, MM. Belin et Chavassieux vinrent rejoindre M. P.-Jos. Colard, dénoncés par J.-Ét. Colard. Le premier était accusé d'exercer nuitamment les fonctions du culte, disant la messe et baptisant ; son confrère se livrait « à des abus non moins condamnables, en permettant qu'à l'occasion de l'exercice qu'il se permettait de ses fonctions, il se fît dans son domicile, et pour y assister, des rassemblements nombreux et réitérés (1). » Sur le réquisitoire de Quirot, le département déclara qu'il était prouvé que les deux vieillards « avaient violé les lois par leur conduite ; qu'ils voulaient encore alimenter le fanatisme, troubler le repos des citoyens et nourrir la haine du gouvernement républicain, et qu'il était impossible de maintenir à leur égard l'indulgence d'une simple mise en surveillance. » L'arrestation de M. Clerc, de Reugney, suivie de son évasion, fut l'événement du mois suivant. Écroué dans la prison d'Ornans, par ordre de Quirot jeune, il réussit à s'échapper. A la suite d'un procès-verbal dressé par Marlet et Cl.-Ét. Teste, le concierge, J.-Fr. Colard, fut arrêté comme prévenu d'avoir favorisé sa fuite ; mais le tribunal criminel dut acquitter ce pauvre diable faute de preuves (2).

Après avoir fait la guerre aux personnes, Quirot jeune s'en prit aux choses, et tout d'abord aux croix qui surmontaient encore quelques clochers ou qu'on avait élevées dans les bois pour les dérober aux regards patriotes. Le 24 fructidor, il sommait le commissaire du Directoire à Ornans de faire exécuter complètement, dans quelques communes de son canton, l'arrêté du 18 thermidor précédent qui ordonnait d'enlever ces emblèmes d'un culte proscrit. Il signalait particulièrement Foucherans et Tarcenay comme réfractaires à l'exécution de cet arrêté. J.-Fr. Grandjacquet lui répondit en lui envoyant

(1) *Quét françois!*
(2) Voir J. Sauzay, *loc. cit.*, t. XVIII, *passim.*

des certificats des agents municipaux de ces deux communes qui constataient la disparition des croix des clochers et annonçaient celle des croix qui étaient encore dressées dans les bois. Puis, c'est le tour des cloches; et, cette fois, c'est Ornans lui-même qui donne l'exemple de la désobéissance « à tous les cantons qui l'avoisinent et qui s'autorisent de cet exemple pour résister à l'exécution de la loi concernant les cloches. » « On m'assure qu'à Ornans, chef-lieu du canton, commune très populeuse, on s'obstine à tinter à grands coups de cloche, les jours de fêtes ou ci-devant dimanches, à sept heures et à neuf heures du matin, à midi, ainsi qu'à trois heures, ce qui ne peut se faire que pour convoquer les citoyens à l'exercice d'un culte. Cette inconcevable obstination est formellement dénoncée à l'administration supérieure par une administration voisine (1).... » Le commissaire d'Ornans répondit à son supérieur hiérarchique que la sonnerie des cloches avait été interdite dans la commune et dans le canton antérieurement à l'arrêté du 18 thermidor; que l'horloge municipale seule était coupable des tintements dénoncés, tintements plus nombreux à certaines heures qu'elle répétait, en vertu de son mécanisme; et qu'il avait invité l'agent municipal à faire cesser cette répétition. Il profitait de la circonstance pour témoigner hautement du républicanisme de la majorité des habitants de la ville et du canton (2).

Ce retour à la violence fut accompagné d'une tentative de résurrection du culte schismatique. Le 10 floréal an VI, les électeurs avaient appelé au siège métropolitain du Doubs l'abbé J.-B. Demandre, ancien préfet des études au grand collège de Besançon, puis curé de l'église

---

(1) L'administration dénonciatrice était celle du canton de Vuillafans.

(2) « Je dois profiter de cette circonstance pour vous instruire de l'esprit public de la ville et du canton. Dans la commune d'Ornans, dont la population est de plus de trois mille individus, les deux tiers et plus sont de vrais républicains. Ce sont eux qui ont donné et donnent encore aujourd'hui l'exemple et l'impulsion à tous les voisins. Ils peuvent, à juste titre, se considérer comme leurs aînés en patriotisme et en révolution. Ils célèbrent avec empressement, ponctuellement et solennellement, et non sans frais, les fêtes nationales et décadaires; ils célèbrent aussi avec empressement, union et tranquillité leur culte religieux. Les administrateurs actuels ont, pour la plupart, remplacé les amis des émigrés, déportés et royalistes, qui ont été destitués. Ce sont ceux-ci qui, pour faire perdre la confiance aux fonctionnaires patriotes, font mouvoir des patriotes d'un zèle outré ou faux. » Nous avons déjà vu, nous allons voir encore ce que valaient toutes ces allégations.

Saint-Pierre de cette ville. C'était un choix relativement heureux. Comme administrateur d'une grande paroisse, il avait acquis, de 1777 à 1789, une considération « qu'il devait moins à l'étendue de ses lumières qu'à ses vertus toutes chrétiennes [1]. » Elle lui valut, en 1789, un siège à la Constituante, et sa soumission à la constitution civile du clergé ne lui porta qu'une atteinte assez légère, tant elle fut sincère et désintéressée. Le nouvel évêque essaya vainement de rappeler à la vie un corps à l'agonie, s'il n'était mort déjà. A son avènement, des cantons entiers de son prétendu diocèse n'avaient plus de prêtres pour desservir leurs églises ; dans le canton d'Ornans, comme dans beaucoup d'autres, une seule paroisse, celle du chef-lieu, l'était encore. Un synode, qu'il fit réunir dans le courant de messidor, divisa le diocèse en question en dix-sept archiprêtrés. Ornans fut choisi comme chef-lieu d'une de ces divisions ecclésiastiques, et on lui donna, comme archiprêtre et comme curé, l'abbé Cl.-Et. Marlet, ancien vicaire épiscopal de la Haute-Saône. Ce loup déguisé en berger ne tarda pas à rallier autour de lui, brebis plus ou moins galeuses, les prêtres constitutionnels des environs d'Ornans, Besson, Coulet, Creval, Gaudot, Jeanmonnot, Juif, Petiet, Picard, Potelet, Proudhon, moines défroqués pour la plupart, qui avaient presque tous abdiqué la prêtrise. Ils n'avaient point pris femme ; c'était leur seul mérite ! Les fidèles trouvèrent le titre insuffisant : les églises furent ouvertes mais ne se remplirent pas. A Ornans seulement, les derniers tenants du culte constitutionnel en suivaient encore les exercices avec un zèle qu'on aurait volontiers taxé d'affectation, étant connue l'incroyance de la plupart d'entre eux. Ils ne devaient, d'ailleurs, plus, dans la suite, se départir de cette attitude suspecte.

Le canton, la ville même d'Ornans si révolutionnaire qu'elle fût, continuaient à lutter avec obstination contre le culte décadaire. Le commissaire du Directoire le constatait dans ses rapports mensuels et ne savait quel remède apporter à une situation qui le navrait. D'abord il avait pensé à des jeux ou autres divertissements pour dédommager ses administrés les jours de décade. Mais, malgré les efforts des autorités constituées, « le fanatisme » l'avait emporté sur les attraits de ces moyens de douceur, et le dimanche était toujours

_______________

(1) Ch. WEISS, *in Biogr. univ. de Michaud.*

préféré comme jour de repos. Le nouveau calendrier n'était employé, pour ainsi dire, que dans les actes publics. Les foires et les marchés étaient presque déserts lorsqu'ils tombaient un jour de fête du calendrier grégorien. Bien que très attachés au gouvernement républicain, les citoyens, en grande majorité, fériaient les dimanches et les anciens jours de fête, et travaillaient les jours de décadi et de fêtes dites nationales. Les agents municipaux n'exerçaient aucune surveillance à cet égard. Les écoles révolutionnaires n'étaient pas plus en faveur que le culte philosophique du Directoire. Le 20 floréal an VI, l'administration du canton d'Ornans se plaignait à celle du département de ce que, « malgré ses exhortations, les enfants ne fréquentaient pas les écoles républicaines. » Au mois de fructidor suivant, le commissaire du Directoire près ce canton écrivait, avec le même découragement, qu'au chef-lieu il n'y avait qu'un instituteur et que, bien qu'il eût été seul des anciens régents à prêter le serment, il ne laissait pas de prévariquer contre les principes républicains.

## IX.

Lassitude des terroristes. — Indulgence des commissions militaires. — Acquit-
tements de M^lle Muselier et de l'avocat Bonnefoy. — Le 18 brumaire. — Mesures réparatrices du nouveau département. — Vain appel des prêtres jureurs à leurs anciennes victimes. — Constitution de l'an VIII ; — création
des arrondissements (28 pluviôse). — Reconstitution de l'ordre judiciaire
(27 ventôse). — Le Concordat (15 juillet 1801). — Le clergé d'Ornans à
l'époque du Concordat. — Réorganisation de la paroisse (1802). — Coup
d'œil rétrospectif.

Dans les premiers mois de l'an VII, le gouvernement terroriste du
Directoire semblait fatigué lui-même de ses rigueurs inutiles. Discré-
dité et avili, il n'avait plus la force d'être violent : la corruption
avait remplacé le crime, on achetait les consciences au lieu de tuer
les hommes, la cupidité et la luxure étaient devenues des moyens de
gouvernement. Ils allaient bientôt devenir impuissants, ces jacobins énervés par une longue saturnale ; ils ne présentaient plus aucune force de résistance, et leur régime carnavalesque était à la merci
du moindre effort. Les généraux et les soldats, qu'ils faisaient com-
battre depuis si longtemps pour défendre leur méprisable existence,
ne devaient pas tarder, après avoir assuré notre indépendance du
côté de l'étranger, à vouloir rendre au pays la liberté intérieure et la
dignité. En attendant le jour de la délivrance, des plaintes, de plus
en plus vives et puissantes, éclataient de toutes parts contre la tyrannie misérable qui pesait sur la France. Les craintes des gens au
pouvoir se traduisirent, en ventôse, par la destitution d'une partie des
membres des départements. Le 4 de ce mois, sur la proposition de
Besson, l'administration du Doubs fut en grande partie renouvelée :
le commissaire Quirot jeune fut remplacé par Mourgeon ; Vuillier,
Marchand, Perriguey et Foraisse, par Bonard, Hérard, Janson et J.-
Fr. Grandjacquet. Les élections de germinal remirent malheureusement au pouvoir Quirot jeune et Vuillier, et leur adjoignirent Brule-

port, Marlet et Baud, juge de paix de Goux-lez-Usiers, qui ne valaient pas mieux.

Les jacobins du Doubs, pauvres révolutionnaires de province, n'avaient pas suivi les indications de leurs compères de la capitale. Mais le pouvoir qu'ils avaient cru ressaisir leur échappait de plus en plus. Les tribunaux n'osaient plus condamner ; les juges d'iniquité commençaient à penser à l'avenir que leur réservait une réaction inéluctable, et montraient la même indulgence pour tous les ennemis, prétendus ou réels, [de l'état de choses existant. Les commissions militaires elles-mêmes, naguère si redoutables, acquittaient systématiquement. Ces juridictions d'exception, chargées de juger les personnes accusées d'émigration, avaient changé d'esprit, sinon de personnel. Leurs membres avaient appris à connaître le triste gouvernement au nom duquel ils siégeaient : leur horreur de verser le sang, pour satisfaire la férocité des scélérats au pouvoir, était devenue telle, qu'on ne pouvait plus obtenir d'eux une seule condamnation.

Une pieuse personne d'Ornans, M<sup>lle</sup> Marguerite Muselier, s'était réfugiée en Suisse, avec plusieurs de ses amies (1), pour y embrasser la vie religieuse, devenue impossible en France. Lorsque les armées françaises eurent envahi et révolutionné ce pays en 1798, les pauvres exilées furent obligées de chercher un autre asile, et M<sup>lle</sup> Muselier prit le parti de rentrer dans son pays natal. Arrêtée comme émigrée le 9 floréal an VII, elle fut traduite le 13, par le département, devant la commission militaire de Besançon, qui l'acquitta. L'accusée avait produit des certificats de résidence que ses juges voulurent bien ne pas examiner de trop près. Vainement, à son retour au pouvoir, Quirot jeune essaya-t-il de faire réformer ce jugement Le commissaire d'Ornans lui en fournit bien les moyens, mais il y mit le temps, et le délai d'instance était expiré quand son procès-verbal arriva à Besançon. Dans l'intervalle, la commission avait encore acquitté un autre prévenu d'Ornans, l'avocat Bonnefoy, que les ennemis de son père avaient méchamment fait inscrire sur une liste d'émigrés, alors qu'il combattait dans les armées de la république. Le 27 messidor an VII, Quirot jeune l'avait mis sous la surveillance de la municipalité d'Ornans, en attendant qu'il fût rayé. Il est probable que le

---

(1) M<sup>mes</sup> Marie Cuenot, Louise, Delphine et Charlotte Colard-Luc.

commissaire prit ses mesures pour qu'il ne le fût pas, car, le 19 fructidor, il écrivit à son subordonné d'Ornans de donner à ce jeune
homme l'ordre de sortir de France dans la quinzaine et de lui déli-
vrer un passeport à cet effet. J.-Et. Colard (il était remonté sur sa
bête en germinal) lui répondit avec son orthographe habituelle : « Jey
« fait trancecri et signifier à Bonfois votre lettre le même jour que je
« ley resus. » Le proscrit, que la faiblesse de sa santé avait contraint
à quitter l'armée, était tellement malade au jour fixé pour son départ,
qu'il n'avait pu se mettre en route ; et le département s'était refusé
à le faire visiter par un médecin. On comprend quelle dut être la fureur des administrateurs à la nouvelle de son acquittement : mais ce
fut sans succès qu'ils dénoncèrent cette sentence au ministre de la
police.

La révolution du 18 brumaire, qui mit fin à la tyrannie des conseils,
et l'abolition de la constitution de l'an III, qui avait livré la France à
leurs caprices et à leurs intrigues, furent apprises avec enthousiasme
dans le Doubs et particulièrement à Ornans. « Les événements des
« 18 et 19 brumaire, mandait le commissaire d'Ornans au départe-
« ment, ont ranimé la confiance dans le gouvernement. Il n'y a eu
« d'autres mouvements que ceux de la joie. La concorde entre les ci-
« toyens semble renaître. » Une nouvelle administration fut nom-
mée le 26 frimaire an VIII. Elle se composait de Hérard, Mourgeon,
Guillemet, Bonard et Micaud. Bourgeon, Foraisse et Flusin, qui
avait remplacé Vuillier, furent suspendus : Bruleport et Marlet donnèrent leur démission sous prétexte d'affaires personnelles. Le 2 nivôse, J.-Et. Colard céda définitivement à J.-Fr. Grandjacquet les
fonctions de commissaire du canton d'Ornans, et l'agent municipal
de la ville, Cl.-Et. Teste, fut suspendu de fonctions qu'il ne devait
plus reprendre. Le rôle politique et administratif de ce dernier était
fini ; il avait un demi-siècle devant lui pour voir renaître tout ce qu'il
avait aidé à détruire et pour regretter ce qu'il avait fait (1).

Le premier soin du nouveau département fut de travailler au retour
dans leur patrie des exilés et des déportés, ainsi que de rendre à la
liberté les reclus qui, depuis des années, gémissaient dans les prisons

_________

(1) Il mourut en 1848, et fut le premier habitant inhumé dans le nouveau
cimetière. On lit avec étonnement, sur sa tombe, qu'il fut un magistrat in-
tègre, et plus bas : *De profondis (sic)*.

ou dans les bagnes. Les prêtres détenus, dont le nombre s'élevait à soixante-sept en ce moment, furent tous renvoyés dans leurs paroisses ou dans leurs familles. MM. Colard-Luc, Bailly, Clerc, J.-F. Colard, P.-Fr. Cuenot, de Labretonnière, Martel, Muselier, Sanderet de Valonne et Tombal ne tardèrent pas à rentrer à Ornans. Soumis d'abord à la surveillance d'autorités bienveillantes, les prêtres rentrés furent, peu de temps après, réintégrés dans tous leurs droits de citoyens. Les récriminations hypocrites des prêtres constitutionnels et de leurs derniers partisans n'arrêtèrent pas un seul instant les administrateurs du Doubs. Les laïques qui avaient souffert pour leur foi furent aussi l'objet des mesures les plus bienveillantes. Nous avons vu la dernière administration terroriste protester, au nom du Directoire, contre les jugements rendus, par la commission militaire de Besançon, en faveur de M^{lle} Muselier et de l'avocat Bonnefoy, d'Ornans. Ce fut le gouvernement consulaire qui lui répondit, en lui demandant les pièces nécessaires à leur réhabilitation.

Déçus dans leur espoir de voir renaître la persécution et consternés de la tournure que prenaient les événements, les prêtres constitutionnels cherchèrent à se rapprocher de leurs anciennes victimes ; mais leur prétention à les traiter en frères égarés, sans parler d'autres considérations, fit échouer une première tentative de réconciliation. Elle fut reprise par Cl.-Et. Marlet, curé et archiprêtre d'Ornans, qui jugea qu'il fallait être moins exigeant. D'accord avec les membres de son clergé, il adressa un appel imprimé aux prêtres fidèles rentrés dans leurs foyers. Après avoir loué le nouveau gouvernement d'avoir rendu les prêtres proscrits à la liberté, il se félicitait lui-même d'avoir été charitable pour eux et de les avoir visités et assistés dans les maisons de réclusion de Vesoul et de Besançon. « Rentrez donc, ajoutait-il, dans le temple du Seigneur ; vous trou- « verez, avec les fidèles catholiques, vos concitoyens, des vases sa- « crés, du linge, des ornements aussi décents que propres, qui vous « seront offerts avec empressement. Quel pourrait donc être l'obs- « tacle à acquiescer à nos vœux ?.... Serait-ce l'incertitude du rang « ou de la place dans l'exercice de vos fonctions ? Partageant les « mêmes fonctions, celui d'entre nous sera le premier qui se mon- « trera le plus zélé.... » Cet appel fut sans écho, et ce fut justice. Les prêtres fidèles devaient attendre qu'on leur rendît leurs temples ;

alors se poserait la question de savoir s'ils y recevraient leurs confrères déshonorés. Elle ne fut résolue que par le concordat.

Cependant le premier consul présidait à l'établissement d'une nouvelle constitution, qui porte dans l'histoire le nom de constitution de l'an VIII. L'administration des départements fut confiée à des préfets, qui eurent dans leurs attributions l'exécution des lois, décrets et arrêtés du gouvernement et la surveillance de toutes les parties de l'administration publique (loi du 28 pluviôse an VIII). La même loi rétablit, sous le nom d'arrondissements ou de sous-préfectures, les districts supprimés par la constitution de l'an III (¹), et en confia l'administration à des sous-préfets. Les préfets peuvent être considérés comme les successeurs des intendants, et les sous-préfets, comme ceux de leurs subdélégués. Les arrondissements, plus étendus que les anciens bailliages et moins nombreux d'un tiers que les districts, furent calqués sur les ressorts des tribunaux correctionnels établis en l'an III. Ornans, qui n'avait pas été choisi comme siège d'une de ces juridictions, probablement à cause de la turbulence et du mauvais esprit de sa population, ne devint donc pas chef-lieu d'arrondissement. Le territoire de son ancien district avait été partagé entre les ressorts de Besançon et de Baume ; conséquemment, une moitié, composée des cantons d'Amancey, d'Ornans et de Vuillafans, fit partie de l'arrondissement de Besançon, tandis que l'autre, comprenant les cantons de Nods, d'Orchamps et de Vercel, allait à celui de Baume. Ruinée par la Révolution, la pauvre ville n'était plus que le chef-lieu d'un petit canton de treize communes et d'environ sept mille habitants. La loi du 28 janvier 1801, qui réduisit à vingt-quatre le nombre des cantons du Doubs, fut pour elle l'occasion d'une petite compensation : le canton de Vuillafans, avec douze communes et ses six mille habitants, fut réuni au sien. C'était, vraiment, bien insuffisant !

L'organisation judiciaire de l'an III avait aussi peu réussi que les municipalités cantonales. Les justices de paix, dont on avait trop étendu la compétence, étaient au-dessous de leur tâche. La justice du premier degré se trouvait placée trop loin en résidant au chef-lieu du

---

(1) C'est une erreur très commune que de croire que les arrondissements ont succédé aux districts. On voit qu'il n'en est rien.

département ; la justice d'appel était, nous avons vu pour quelles raisons, à peu près illusoire. Il fallait évidemment réformer tout cela. La justice de paix fut réduite à la conciliation des parties, à la définition des affaires civiles de peu d'importance et à la connaissance des contraventions de police. Un tribunal civil par arrondissement fut chargé de rendre la justice civile et correctionnelle au premier degré. Vingt-neuf tribunaux souverains [1] rendirent la justice civile en appel, et la justice criminelle par des juges détachés qui allaient tenir des assises au chef-lieu judiciaire de chaque département [2]. Enfin, au sommet de la hiérarchie judiciaire fut maintenu le tribunal de cassation, tribunal suprême chargé d'interpréter les lois et d'assurer l'unité de la jurisprudence. Ces réformes datent également du 28 pluviôse an VIII. Ornans, placé dans l'arrondissement de Besançon, ne pouvait évidemment prétendre à en être le chef-lieu judiciaire ; moins heureux en cela que d'autres petites villes, Arbois par exemple [3], qui n'étaient en compétition qu'avec des localités d'importance égale.

Nous avons vu quelles vaines tentatives les philosophes et les schismatiques avaient faites, en l'an VI et en l'an VII, pour rétablir un culte public à Ornans. La ville, cependant, n'était pas complètement dépourvue de secours religieux, depuis surtout que les prêtres courageux, qui avaient bravé les bourreaux, y étaient rentrés et vivaient en liberté sous une loi nouvelle. Ils avaient eu longtemps besoin de pieux déguisements pour porter aux fidèles les consolations de la religion ; mais le temps n'était plus où les mystères du culte catholique ne pouvaient se célébrer, et non sans péril, que dans les appartements reculés, dans les greniers ou dans les caves, sur des autels improvisés et sous la sauvegarde du secret le plus absolu. Ils exerçaient au grand jour, s'ils n'avaient pas encore de temples reconnus. Ils n'allaient pas tarder, d'ailleurs, à rentrer dans ceux qu'ils avaient

---

(1) Il y avait alors une cour d'appel à Bruxelles et une autre à Gand.

(2) Les chefs-lieux administratifs ne sont pas toujours les chefs-lieux judiciaires des départements, des arrondissements et des cantons ; il y a même de nombreuses exceptions à la règle générale.

(3) Bourgoin. arr. de La Tour-du-Pin ; Chambon, arr. de Boussac ; Charleville, arr. de Mézières ; Cusset, arr. de La Palisse ; Lourdes, arr. d'Argelès ; Saint-Mihiel, arr. de Commercy ; Saint-Palais, arr. de Mauléon ; Tarascon, arr. d'Arles, sont dans le même cas.

dû céder au schisme et que l'impiété avait profanés. Le premier consul avait jugé que la régénération de la France ne serait complète qu'après que l'ancien culte aurait été restauré. Sans s'arrêter aux observations contraires des jacobins dont il était entouré, il avait ouvert des négociations avec le souverain pontife. Le 18 germinal an X, il signa un concordat qui rétablissait solennellement l'exercice de ce culte et établissait de nouveaux rapports avec le chef visible de l'Église. La religion catholique fut de nouveau proclamée et les blessures de dix années cicatrisées en un jour. Ce dut être un beau jour que celui où les prêtres d'Ornans rentrèrent dans leurs anciens sanctuaires, si lamentable qu'en fût l'état, et que les fidèles entendirent le son d'une cloche qui, depuis dix ans, ne sonnait plus que le tocsin.

Le clergé d'Ornans était assez nombreux, en 1801, pour permettre de rendre au culte tout son éclat. A MM. Bailly, Belin, Colard-Luc, J.-Fr. et P.-Fr. Cuenot, Chavassieux, Clerc, Poulain, Richardin, Sanderet de Valonne et Tombal, prêtres fidèles rentrés de l'exil ou de la réclusion, s'étaient réunis les prêtres constitutionnels, peu repentants au fond, mais avides de paix, sinon d'oubli. C'étaient les citoyens Besson, Gaudot, Cl.-Et. et J.-Cl. Marlet, Petiet et Picard, dont nous connaissons l'histoire. Une sorte d'accord tacite ne tarda pas à s'établir entre eux. Les anciens proscrits, leur charité aidant, se décidèrent même à la longue à avoir, avec leurs anciens persécuteurs, des rapports presque confraternels. Les uns et les autres finirent par s'habituer aux égards et à la déférence que les ecclésiastiques se doivent entre eux. En attendant la nomination d'un curé et de vicaires, ils choisirent parmi eux deux administrateurs de la paroisse, dont l'un fut emprunté au groupe insermenté et l'autre au groupe constitutionnel. Mais si les pasteurs paraissaient décidés à l'union, il n'en était pas de même des ouailles du troupeau : il a fallu quarante années et la disparition presque complète des contemporains de la Révolution pour rendre à la localité une sorte de paix, que le moindre événement suffit à compromettre.

La paroisse d'Ornans ne fut réorganisée que sur la fin de l'année 1802. On lui donna pour chef l'abbé Sachon, ancien curé intrus de Lons-le-Saunier. Présenté par le nouvel archevêque de Besançon, Claude Lecoz, évêque démissionnaire des Côtes-du-Nord, ce prêtre avait été agréé par le gouvernement, sur l'avis du préfet du Doubs.

Cet avis n'était pas celui du ministre Portalis, placé plus loin, cependant, pour être renseigné. Soit erreur, soit parti pris, Jean Debry, mieux avisé et plus clairvoyant d'ordinaire, avait opiné que l'abbé Sachon pourrait faire le bien à Ornans, parce que la ville avait été desservie, pendant toute la Révolution, par un prêtre constitutionnel qui y réunissait la très grande majorité des citoyens. Or, nous savons s'il en était ainsi ! Le nouveau maire, M. Ferr.-Hél.-Fr. Teste, ne lui avait pas laissé ignorer la véritable situation. Consulté par le préfet, ce magistrat lui avait écrit, le 1ᵉʳ vendémiaire an XI : « Je ne puis « m'empêcher de ,penser qu'à mérite égal, un prêtre non constitu- « tionnel nous convient encore mieux pour curé, parce qu'il réunira « nécessairement et sans efforts tous les esprits. Le parti attaché aux « prêtres constitutionnels ne met aucune importance à avoir un curé « de son bord. Il croit la messe de l'insermenté aussi bonne que celle « du constitutionnel, tandis que l'autre parti y attache l'importance « la plus grande. » L'abbé Sachon devait être curé d'Ornans jusqu'en 1811. A cette époque, il eut pour successeur M. Dupuy, curé de Scey-en-Varais, qui appartenait, par sa naissance, à une des familles distinguées de la ville. Curé de Chassey-lez-Montboson à la Révolution, M. Dupuy avait refusé le serment, ce qui devait lui donner grand crédit auprès du plus grand nombre de ses nouveaux paroissiens. C'est à lui, beaucoup plus qu'à son prédécesseur, objet de trop justes défiances, qu'on doit la restauration de la paroisse (1).

Arrivé au terme de cette étude, nous jetons un regard en arrière et récapitulons les ruines accumulées par la Révolution dans une localité qui nous est chère. Encore très importante au commencement de ce mouvement convulsionnaire, la malheureuse ville n'était plus rien quand il prit fin : les institutions publiques, dont elle était si fière, son commerce et son industrie, si florissants autrefois, avaient disparu dans la tourmente ; l'agriculture elle-même y était compromise par l'ignorance et la routine, son inévitable compagne. La population, autrefois si unie, était à jamais divisée : d'un côté les victimes et les personnes restées honnêtes ; de l'autre, les révolutionnaires, meneurs et spoliateurs, et l'odieuse tourbe des artisans de révolution, des émeutiers et des vauriens qui, depuis dix ans et plus, vi-

(1) V. J. Sauzay, *loc. cit.*, t. X, *passim.*

vaient de pillage et de délation. Nous avons vu ce qu'étaient devenus les prêtres et les catholiques fidèles. Des terroristes, les uns avaient disparu du monde, comme J.-L. Marlet, Bailly et Cl.-Fr. Maire, ou du pays, comme David ; les autres, Roy, J.-B. et Cl.-L.-Ph. Maire, Vaite et Boulet fils, s'étaient réfugiés dans le notariat et cherchaient à faire oublier leur passé. La chose était moins difficile pour eux que pour les frères Marlet, le notaire et les deux abbés, qui ne se relevèrent jamais du mépris que leur ambition malhonnête et leur cupidité leur avaient valu. Besson, le régicide, après avoir vainement poursuivi la fortune, dans des entreprises plus ou moins suspectes, était presque dans le besoin. Nous verrons peut-être plus tard quelle triste fin lui était réservée. Quant à J.-Et. Colard dit *Marat*, à P.-Fr. Oudot dit *Camille Desmoulins*, à L. Chaillet dit *Voltaire*, à Den.-Jos. Bon, à Ant. Cayron et autres jacobins de plus bas étage encore, ils rentrèrent, avec Cl.-Et. Teste dit *Casse-Bancs*, dans le néant d'où ils n'auraient jamais dû sortir !

BESANÇON. — IMPR. ET STÉRÉOTYP. DE PAUL JACQUIN